2019年重庆市社科规划特别委托重大项目
重庆市北碚区、西南大学校地合作重大项目
重庆市北碚区重大文化精品工程

北碚文化丛书

抗战北碚

赵国壮 郭亮 ◎ 主编

西南大学出版社
国家一级出版社 全国百佳图书出版单位

图书在版编目(CIP)数据

抗战北碚 / 赵国壮, 郭亮主编. -- 重庆：西南大学出版社, 2024.6. --(北碚文化丛书). -- ISBN 978-7-5697-2517-9

Ⅰ. K265.06

中国国家版本馆CIP数据核字第2024Y1D297号

抗战北碚
KANGZHAN BEIBEI

主　编｜赵国壮　郭　亮

选题策划｜蒋登科　秦　俭　张　昊
责任编辑｜钟宇欣　钟孝钢
责任校对｜李　君
装帧设计｜闻江文化
排　　版｜瞿　勤
出版发行｜西南大学出版社（原西南师范大学出版社）
　　　　　地址：重庆市北碚区天生路2号
　　　　　邮编：400715
　　　　　电话：023-68868624
印　　刷｜重庆升光电力印务有限公司
成品尺寸｜145 mm×210 mm
印　　张｜6.5
字　　数｜135千字
版　　次｜2024年6月 第1版
印　　次｜2024年6月 第1次印刷
书　　号｜ISBN 978-7-5697-2517-9
定　　价｜68.00元（精装）

"北碚文化丛书"编委会

（以姓氏笔画为序）

顾 问

卢晓钟　吕　进　杨清明　周　勇　黄蓉生　曹廷华

主任委员

刘　永　江绪容　杨　辉　潘　洵

委　员

王牧华　张汝国　陈福厚　周洪玲　徐　玲

总序

周 勇[1]

习近平总书记在新时代文化建设方面提出了一系列新思想、新观点、新论断,丰富和发展了马克思主义文化理论,构成了习近平新时代中国特色社会主义思想的文化篇,形成了习近平文化思想。习近平总书记还多次对传承和弘扬重庆历史文化作出重要论述,提出明确要求,寄予殷切期望。

重庆是一座具有悠久历史、灿烂文化、优秀人文精神和光荣革命传统,人文荟萃、底蕴厚重的历史文化名城。在江峡相拥的山水之间,大山的脉动与大江的潮涌相互激荡,自然的壮美与创造的瑰丽交相辉映,城镇的繁华与乡村的宁静相得益彰,展现出江山之城的恢宏气势,绽放出美美与共的璀璨风采。

---

[1] 周勇,中国抗日战争史学会副会长、中国城市史研究会副会长、重庆史研究会会长、教授、博士生导师。

在3000多年的发展史上,重庆出现过多层次、多领域、多形态的文化现象,其中居于主体地位的是巴渝文化、革命文化、三峡文化、抗战文化、统战文化、移民文化。它们是居于重庆历史和文化顶层,最具代表性和符号意义的文化元素,由此构成了独具特色的重庆历史文化体系。其中,巴渝文化、革命文化彼此相连,贯通始终,传承演化,共同构成今日重庆历史文化体系的学理基石,也是形成今日重庆人文精神以及重庆人、重庆城性格特征的文化基因。三峡文化、移民文化、抗战文化、统战文化,是在不同历史时期和历史环境中,于重庆大地上产生的特色文化。在漫漫历史长河的不同阶段中,发挥着独特的作用,至今仍是重庆历史文化中极具特色的因素,发挥着核心竞争力的作用。

北碚,地处缙云山麓、嘉陵江畔,是一个产生过凤凰涅槃般传奇的地方。

100多年前,北碚还只是一个山川美丽,但匪患肆虐的小乡场。到80多年前的全面抗战时期,北碚已发展成为一座享誉中国的美丽小城。新中国成立后,北碚发生了翻天覆地的变化。如今的北碚,已经是重庆主城都市区的中心城区之一。北碚的百年发展史展现出极具时代特征的突变性、内涵式发展的特质。北碚素来生态环境优良、人民安居乐业、科学教育发达、创新活力迸发、产业发展兴盛、工业基础雄厚,尤以历史渊源悠久、文化底蕴深厚而著称。这在重庆历史文化体系中具有综合性、典型性、代表性。

近年来,在中共重庆市委的领导下,全市上下认真落实党中央部署要求，加快推进文化强市建设，开创了文化繁荣发展新局面。面对新时代、新征程的新使命和新要求，市委作出了奋力谱写新时代文化强市建设新篇章，为现代化新重庆建设注入强大精神力量的重大部署；特别强调"要大力传承弘扬中华优秀传统文化，深化历史文化研究，加强文化遗产保护，抓好优秀传统文化传承，推动巴渝文化、三峡文化、抗战文化、革命文化、统战文化、移民文化等创造性转化、创新性发展"。

在建设重庆文化强市的赛马比拼中，北碚人用满满的文化自觉与文化自信，以历史的眼光重新审视北碚，以文化的视野宏观鸟瞰北碚，以艺术的手段通俗表现北碚，从史话、名人、抗战、乡建、教育、科技、诗文、书画、民俗、景观十个方面，全面而系统地梳理了北碚的文化和历史，构成了图文并茂、鲜活生动的北碚文化长卷。这部十卷本的"北碚文化丛书"，就是北碚人书写北碚传奇的代表作，更是向时代和人民交出的一份厚重的文化答卷。

"北碚文化丛书"具有广泛的包容性。它涵盖了历史沿革、文化遗产、民俗风情、民间艺术、人文景观、贤达名流、文学艺术、教育科技等方方面面，既有地域文化的基本要素，更彰显了北碚在抗战、乡建、教育、科技等方面在中国近代历史上的突出特色。

"北碚文化丛书"以学术研究为依托，史料基础可靠，学术名家参与，表达通俗易懂，集系统性、知识性、可读性于一体，有存史资政的收藏价值和指导旅游观光的实用价值。

"北碚文化丛书"是校地合作的有益尝试，既是对北碚地方文化的一次学术性清理，在史料整理、学术研究方面展现出全面、系统的特征，也为基层地域科学地挖掘整理在地文化积累了可资借鉴的经验。

这些年来，我着力于重庆历史文化体系的研究，组织编撰了十二卷本的"重庆人文丛书"，力图勾画出"长嘉汇"源远流长，"三峡魂"雄阔壮美，"武陵风"绚丽多彩、人文荟萃、底蕴厚重的重庆历史文化名城的文化新形象。这套十卷本的"北碚文化丛书"，是继"重庆人文丛书"之后，重庆市域内出版的第一部区县文化丛书。我相信，这部饱含着浓浓乡情，充满了城市记忆，洋溢着北碚味道的文字和画面的丛书，将使北碚的历史文化得以活在当下，让北碚的历史文脉传承延续，绵绵不绝。

同时我也希望各区县都能像北碚这样虔诚地敬畏自己的历史文化，努力地整理自己的历史文化，用皇皇巨著来传承自己的历史文化，尤其是从市委提出的重庆文化新体系中找准自己的文化新定位，让生动鲜活、丰富多彩、千姿百态的区域文化，共同汇聚成彰显重庆文化新体系的百花园，建设具有中国气象，巴渝特色，万紫千红的山清水秀、美丽之地。

是为丛书总序。

绪言

北碚位于重庆、合川之间,东傍嘉陵江,西接成渝公路。华蓥山自北而来分成三大支脉夹贯本境,被大江横断形成小三峡。境内丘陵起伏,民风朴素,出产以煤为大宗。

1927年以前的北碚不仅生产生活十分落后,而且匪患严重,十室九空。卢作孚出任北碚峡防局局长后,以社会运动精神,逐渐改变了这种落后混乱的局面,一切社会建设事业开始初具规模。尽管北碚远在中国西南一隅,但是卢作孚的目光与心境却为自20世纪30年代开始的日本侵华战争所牵引。"九一八"事变后,在卢作孚的支持下,峡防局成立东北问题研究会,宣传抗日救亡主张。

在长达14年的抗日战争中,北碚始终紧扣抗战救亡主旋律,为中华民族抗日战争做出了彪炳史册的历史贡献。抗战时期,作为战时首都的重要迁建区,北碚容纳了大量内迁的政府机构、工矿企业、科研单位、文化机构和高等学府,形成了大后方最重要的科学文化中心。战时北碚聚集了相当一批在全国非常有影响的科研学术机构，如中央研究院的四个研究所等。在北碚，一批科学家怀着为祖国延续科学火种的信念，坚持科学研究，取得了一批举世瞩目的科研成就，他们中的许多人成为新中国科学事业的开拓者。一大批社会名流、文化泰斗聚集北碚，施教育人，著书立说，开展丰富多彩的文化活动。抗战时期北碚的文化活动是中国抗战文化的重要组成部分，其影响辐射全球，历久弥新。同时北碚还是大后方最重要的能源基地、纺织工业基地和一些重要事业的试验基地。

在中国人民抗击日本侵略者的民族战争中，北碚人民在中国共产党抗日民族统一战线旗帜的指引下，在中共中央南方局和北碚地方党组织的领导组织下，开展抗日救亡工人运动、学生运动、群众运动，发展战时经济，极大地支援了前方的抗战，为全面抗战的胜利做出了伟大贡献。

北碚抗战史是重庆抗战史的重要组成部分，同时也是中国人民抗战史不可或缺的组成部分。

目录

CONTENTS

总序……001

绪言……001

第一章　救亡的先声……001

一、卢作孚率团考察东北……003

二、卢作孚组织北碚抗日救国义勇军……012

三、东北问题研究会的成立……017

四、漆鲁鱼及重庆救国会在北碚的活动……022

五、中共北碚中心县委成立……026

第二章　西迁的故事……035

一、卢作孚与宜昌大撤退……037

二、孙越崎与中福煤矿迁碚……041

三、刘国钧与大成纺织染公司迁碚……044

四、北碚工业区的搁浅……047

第三章　后方的前方……053

一、周恩来、邓颖超指导北碚统战工作……054

二、卢子英与北碚抗敌总动员训练……056

三、陶行知与北碚志愿兵运动……061

四、复旦大学的学生运动……068

五、节日献金献机运动……072

六、三次劝募寒衣运动……074

七、梅花山下葬忠魂……076

八、北碚的四次反轰炸斗争……079

九、中国第一个滑翔机场在碚建成……083

十、美国副总统华莱士来北碚参观……085

第四章　活力的源泉……089

一、新天府煤矿的成立……090

二、后方的蚕种改良中心……093

三、轻工制造业的发展……105

四、北川铁路的扩建……109

五、嘉陵江北碚段航道的整治……111

六、青北公路的建成……115

第五章　科学的中心……117

一、中央研究院的四个研究所……119

二、黄汲清与中央地质调查所……125

三、钱崇澍与中国科学社生物研究所……129

四、顾毓瑔与中央工业试验所……130

五、沈宗瀚与中央农业实验所……136

六、朱家骅与中国地理研究所的创建……139

七、中国西部科学博物馆的筹建……142

第六章　文化的方舟……149

一、多鼠斋里的"文协"……150

二、雅舍里的《雅舍小品》……152

三、白鹤林里追求人生……154

四、北碚的金钱板词……156

五、郭沫若的话剧《屈原》……158

六、白杨参加拍摄《中华儿女》……160

七、中山文化教育馆的学术事业……162

第七章　小城的大学……167

一、牌坊湾的国立江苏医学院……168

二、金刚碑的国立国术体育师范专科学校……172

三、中山路的国立歌剧学校……175

四、中山路的国立戏剧专科学校……177

五、北温泉的国立社会教育学院电化教育专修科……178

六、夏坝的复旦大学……180

七、中山路的私立立信会计专科学校……183

八、歇马场的私立中国乡村建设学院……184

九、缙云山的世界佛学苑汉藏教理院……186

十、蔡家岗的军需学校……188

十一、澄江镇的中央测量学校……191

后记……193

第一章 救亡的先声

日本侵华行径蓄谋已久，早在明治维新时期日本就提出臭名昭著的"大陆政策"，1927年的《田中奏折》公然指出"惟欲征服支那，必先征服满蒙；如欲征服世界，必先征服支那"。就中国东北而言，日本也是觊觎已久，1904年日俄战争后，日本在东北的势力日渐扩张，从1906年起，日本在中国东北地区设置了"满铁"、日本驻奉天总领事馆、关东厅、关东军司令部等侵略机构，经营其利益侵略。1927年6月至1931年7月，日本关东军司令部、日本政府和日本军部先后炮制了《关于对满蒙政策的意见》、《对华政策要点》及《解决满蒙问题方策大纲》等一系列策划入侵东北的方案，企图吞并中国东北。1931年，日本法西斯分子大川周明受日本参谋本部暗中资助，以"满蒙是日本的生命线"为主题在日本各地巡回演讲百余次，听众累计逾10万人，制造侵华舆论，极具煽动性。1931年9月18日，日本关东军策划了侵占中国东北的"九一八"事变,事变爆发后,远在西南的北碚迅速做出反应,峡防局机关报及时报道了这次事件。

北碚是中国西南地区第一个反应"九一八"事变的地区,这与卢作孚的格局、视野及爱国情怀是离不开的。

早在1930年春,卢作孚率领由民生公司、北碚峡防局以及北川铁路公司等单位组成的考察团,到华东、东北、华北实地考察,拜访了有益于事业发展的诸多友人和社会名流,如黄炎培、蔡元培、李石曾、丁在君、翁文灏、秉农山、张伯苓、张季鸾、任叔永等人[1]。整个考察活动均集中在解决各事业发展的具体问题上:为了推动民生公司的发展,他们集中考察了轮船和造船厂;为了推动北碚工业进步,他们集中参观了纺织厂、发电厂、煤矿公司、水泥厂等,并为天府煤矿购买了机器设备和材料;为了促进北碚地区农业改良,他们集中考察了浙江、江苏两省的昆虫局,江苏各地的农业试验场、病虫害研究中心,参观了农村灌溉和新品种试验,采购了意大利种鸡、法国梧桐和鸣禽动物等;为了推动科教文化发展,他们特意调研了国立中央研究院、国立中央大学、金陵大学、北京静生生物调查所、南开大学等科研单位,并为即将创建的北碚中国西部科学院采购各种试验仪器和药品。

---

[1] 高孟先:《卢作孚与北碚建设》,载中国人民政治协商会议全国委员会文史资料研究委员会编《文史资料选辑》第74辑,文史资料出版社,1981,第102页。

一、卢作孚率团考察东北

卢作孚《东北游记》

1930年3月8日到8月21日，卢作孚率领合组考察团出川，前往华东、华北和东北各地考察农林科技、实业发展、时政经济与城市建设，历时半年之久。此行是为发展峡防局事业，到沿海和华北寻求突破瓶颈的人才和技术。参与人员主要包含峡防局5人、北川铁路公司2人、民生公司6人，其他的朋友2人，一行共计15人，具体为卢作孚、李云根、李佐臣、舒承谟、梁仑、胡绥若、陈德、卢魁杰、唐瑞五、李公辅、高孟先、李趾青、袁伯坚、李慕尧、邓恩山等人。考察团对于这次出川考察极为重视，年轻的峡防局职员高孟先通过日记详细记录考察华东的见闻和心得。他还在考察途中，分批将《合组考察团报告》寄送回峡防局，《嘉陵江日报》也及时发布，并分5期予以连载。

临行前，1930年3月5日晚，考察团在民生公司开会，明确了考察期间各事务的负责人，拟定了考察方向和目标。卢作孚把考察工作分作三个方面：[1]

（1）特殊事业，包括教育、交通铁路和矿业3类。

（2）普通社会问题，包括币制、物价、主要食品、生活程度、交通用具、地价、农业、方言、各地人民娱乐、普通教育状况、主要燃料、风俗信仰等12类。

（3）精密考察的事业，包括水门汀厂、轻便铁路、煤矿、造纸厂、精盐、制糖、水力、造船厂、发电、纺纱、磨面、榨油、铁工、织造染色、煤球厂、煤气厂、化钢炼铁厂、优良学校（晓

---

[1] 高孟先：《高孟先日记》，载高代华、高燕主编《高孟先文选》，西南师范大学出版社，2016，第181页。

庄、开原、燕子矶)、博物院(小东益智院)等19类。

应该说,考察团的目的十分明确。他们关注的交通(铁路)、矿业、纺织、印染,是峡防局重点培育的支柱产业,而教育、文博、科学院等领域,也是以后重点发展的社会事业。他们围绕这些内容,安排了考察路线,先后在上海、南京、杭州、天津、大连、青岛、北平等地拜访了黄炎培、蔡元培、秉农山、周孝怀、张伯苓等人,访问了中央研究院、中国科学社、中央大学、南开大学、江苏省昆虫局、江浙各大工厂等机构,为下一步的发展争取技术和人脉网络的支持。

不过,此行对考察团刺激最大的还是日本经营东北的图谋和手段。6月下旬开始,卢作孚一行考察了青岛、大连、旅顺、沈阳、抚顺、哈尔滨、长春、吉林、敦化等地,参观了日本人经营的矿山、工厂、铁路、学校、商场、博物馆等。他在游记中写道:"日本人之经营东三省以满铁会社为经济事业的中心,以大连为经济市场的中心,以旅顺为军事政治的中心,用尽全力,继续前进,实在是全中国人应该注意的问题。最要紧的办法是自己起来经营,才能灭杀日本人的野心。"[1]

1930年6月27日,卢作孚一行参观了大连埠头事务所、满蒙资源馆、中央试验所等,并留下深刻印象。在大连埠头事务所,一名日本职员向他们介绍了埠头的情形。听完介绍,卢作孚"不禁有三个深切的感想。第一是日本人的经营,以满铁会社为中心,取得东三省的无限利益,其规模是

---

[1] 卢作孚:《东北游记》(1931年11月再版),载张守广、项锦熙主编《卢作孚全集》第1卷,人民日报出版社,2016,第232页。

何等伟大,前进是何等锋锐!第二是满洲的出产,矿与粮食是最大的富源,而且一年比一年进展!第三是中国机关的职员,只知道自己的职务,或连职务亦不知道,绝不知道事业上当前的问题,问题中各种的情况;而这一位日本人能够把码头上的一切事项,详举无遗,是何等留心问题、留心事实!中国人何以一切都不留心?"接着,卢作孚又到日本人办的满蒙资源馆参观,他记述道,该馆"更使我们动魄惊心。凡满蒙所产之动植物、矿物,通通被他们搜集起来陈列起了……我们边走、边看、边想:东三省的宝藏,竟已被日本人尽量搜刮到这几间屋子里,视为他之所有了。使日本人都知道,都起经营之念,中国人怎样办?"之后,一行人来到日本人办的工业博物馆和中央试验所。卢作孚感慨道:"于此,我们见着日本是如何以实际的事务刺激日本的人民!其学校,其实业团体,又是如何联络,帮助此等社会教育的机关!中国情形又怎样呢?我们愈看愈惭愧了!"[1]

6月28日,考察团一行人来到旅顺,参观了日本人办的博物馆、水族馆等。经过对大连和旅顺的考察,卢作孚深切感受到了日本的严重威胁。6月29日,考察团一行人乘火车离开大连前往沈阳,看到沿途所停各站的职员大概都是日本人,常有日本的武装警察持着枪在那里站岗。车站附近常有日本人家,城市里常有日本经营的街市,布置十分整齐。日本人经营的工厂烟囱矗立。卢作孚感叹道:"这些景物一一

---

[1] 卢作孚:《东北游记》(1931年11月再版),载张守广、项锦熙主编《卢作孚全集》第1卷,人民日报出版社,2016,第229页。

从我们眼中经过,都是日本人的势力,深惊其侵略之锐,几乎尽驱其原有之我国人而去之!而尤疑自己一身不知到底到了什么地方了!"①6月30日,考察团到沈阳参观清皇宫博物馆,到教育厅,了解东三省和热河的政治、经济和教育的大致情况。

7月1日,到抚顺,参观日本人经营的煤炭事务所、制油工厂、煤矿、发电所等。他们了解到,抚顺有丰富的煤炭和油气资源,正在被日本成规模地开采,成为日本的战略资源基地。从7月2日开始,卢作孚一行陆续考察了本溪、哈尔滨、长春、敦化等地的工矿企业和城市建设,7月9日至20日,又考察山海关、开滦、北平、天津,参观了开滦煤场、唐山启新洋灰厂、北平燕京大学、清华大学、故宫博物院、协和大学、南开大学。7月25日卢作孚一行回到上海,转道回川。8月21日考察团返回重庆,考察结束。

考察团深切感受到帝国主义的野心,不仅表现在直接的剥削与侵略,更体现为"经营"的手段与办法。在应对办法上,考察团"以其人之道,还治其人之身",强调通过"自己起来经营""灭杀日本人的野心"。卢作孚在游记中写道:"德国人对于山东过去的经营,是以胶济铁路为中心";"日本人之经营满蒙,以南满铁道为中心,以经营南满铁路的满铁会社",经营各项事业,"差不多权力之大,等于一个政府了。其铁路所到的地方,即其国家军警所到的地方,即其工厂、

① 卢作孚:《东北游记》(1931年11月再版),载张守广、项锦熙主编《卢作孚全集》第1卷,人民日报出版社,2016,第233页。

商场所到的地方,即其金票银行所到的地方,即其学校教育所到的地方,各方面侵略的武器,都随铁路以深入了";"俄国人对满蒙的经营,是以中东铁路为中心,沿铁路的森林矿产,都会被它攫取";"综三国的经营,都是以铁路为中心,同时攫取铁路附近的地利,如矿产、森林,工商业亦随以前进"。[1]

对于日本人在东北所经营的事业,卢作孚觉得他们不仅有其事业,而且有其精神,其中有两点值得特别注意。第一是秩序,从大连码头,沿着南满铁路,凡日本人经营的市场、车站和火车都秩序井然;第二是准确、清楚,从指引方向的地图、路标,到参观时介绍情况,凡数字都准确,凡情况都清楚。事业中的工作人员,都明了事业的全部情况。从这里,他感到应该吸取日本人办事认真的精神。[2]

东北之行给卢作孚等人留下了深刻的印象。在一年后的《〈东北游记〉再版序》中卢作孚写道:"我们一度游历东北,见日本人在东北之所作为,才惊然于日本人之处心积虑,才于处心积虑一句话有了深刻的解释,才知所谓东北问题者十分紧迫,国人还懵懵然未知,未谋所以应付之。"[3] 东北考察让他们对日本人经营产业之用心,以及日本人对东北之野心有了切身感受。这些都强烈地刺激着考察团的神经,

---

[1] 卢作孚:《东北游记》(1931年11月再版),载张守广、项锦熙主编《卢作孚全集》第1卷,人民日报出版社,2016,第273—276页。
[2] 卢国纪:《我的父亲卢作孚》,重庆出版社,1984,第113页。
[3] 卢作孚:《〈东北游记〉再版序》(1931年10月20日),载张守广、项锦熙主编《卢作孚全集》第1卷,人民日报出版社,2016,第364页。

使他们成为北碚抗日救亡运动的先觉者。

作为考察团的组织者,卢作孚坚持日记写作,其内容十分翔实,既有旅途见闻,也有反思总结。他希望将这些情形及时传递回川,"报告三峡中共同努力的青年,盼望由此而更加努力"[1]。卢作孚在东北考察后期便将部分日记邮寄回峡防局,峡防局即于1930年9月1日将其印成小册,分赠友人。不久,又将其余部分再印一册,亦作赠品。

《东北游记》刊印后,在社会上引起极大反响。"各地友人先后索取,或仅得前一册,或仅得后一册。每以不全为憾。然而公私交困,无钱再印,终于置之。"因经费紧张,印数有限,很快供不应求。9月28日,合川县实业局局长赵杓致信卢作孚索书。他先谈了读《东北游记》后的体会,"情景宛然恍如身经其地,深恨春间无决心无毅力,未能舍此区区职务,附骥以行,一睹崂山胜景、国际建设,涤我俗虑,启我心志"。接着说到合川、铜梁的官长、同事都争相传阅,而无法应付。请求"再赐二份,以便转送,或由兄迳寄更好。如能多赐数册,以应铜梁各友之求,则更感矣"。然而,卢作孚也没法子,只得回复:"《东北游记》第一册印刷无多,近已发送无余。谬承赞赏,曷胜惭汗,容俟续集出版再检奉也。"[2]

1931年"九一八"事变后,人皆欲知东北情形,卢作孚深感有必要把《东北游记》以单行本印刷出版。是年11月,《东

---

[1] 卢作孚:《〈东北游记〉再版序》(1931年10月20日),载张守广、项锦熙主编《卢作孚全集》第1卷,人民日报出版社,2016,第364页。
[2] 黄立人:《卢作孚书信集》,四川人民出版社,2003,第217页。

北游记》以川江航务管理处的名义,交重庆肇明印刷公司印刷出版。该书适应了四川民众急切想要了解日本人在东北所作所为的心理,出版之后很快被索购一空。一些报刊也予以转载,如1932年由世界青年杂志社编辑、重庆书店发行的《青年世界》便连载《东北游记》。[1]随着《东北游记》的流传,卢作孚的名声在四川省民众心中日渐提高。卢作孚去东北考察的本意是想把那里的外资企业如何经营的情况介绍给"有心办实业"之同仁。然而,人们从这本小册子中却看到了日本帝国主义对东北的狼子野心,增强了民族危亡意识和抗日救亡观念。

再版的《东北游记》共计约4.2万字,由蜀中名流蒲殿俊(字伯英)题写书签。内容则按照考察时间和路线的脉络,分为十个部分,包括:一、由上海到青岛;二、由青岛到大连;三、由大连到沈阳;四、由沈阳到哈尔滨;五、由哈尔滨回长春转敦化;六、由敦化回沈阳到山海关;七、由山海关到唐山;八、由唐山到北平;九、由天津回上海,以及结语"匆匆游历中之所偶得"。卢作孚还根据朋友的建议,开列了168种有关东北问题的图书目录附于文末,以供读者参考。

---

[1] 王绿萍:《四川报刊五十年集成(1897—1949)》,四川大学出版社,2011,第265页。

蒲伯英题词的《东北游记》

值得注意的是,《东北游记》不只是展现了列强企图侵略东北的野心,让民众受到"刺激",更为重要的是,不断地引导国民进行反思,希望民众"奋起而有所作为",停止内耗,协力经营,集中精力,投身于地方事业的建设之中。卢作孚提出应该汲取日本人办事认真的精神。在卢作孚的巧妙引导下,北碚民众的抗日救亡热情不断高涨,最后将帝国主义对国家领土侵略的激愤,化为地方建设的动力,形成了大后方以建设为主要特征的民族主义和爱国主义。[1]

卢作孚的东北考察,直接影响了卢作孚在北碚的建设活动,对抗战时期北碚的发展产生了重要影响。

---

[1] 王果:《民族主义的在地化:九·一八前后北碚的爱国救国运动》,《四川大学学报(哲学社会科学版)》2018年第5期。

二、卢作孚组织北碚抗日救国义勇军

东北三省沦陷后,中国各阶层爱国人士无不痛心疾首,寻求救亡之道。鉴于民族危亡,国难当头,1931年12月3日,黄炎培、马相伯等在江苏发起成立了江苏国难救济会。这个以抗日救亡为宗旨的爱国群众团体成立后,即致电全国,呼吁各地行动起来,共同开展抗日救亡活动。同年12月下旬,江苏国难救济会致电卢作孚:

卢作孚先生并转川省诸公钧鉴:同人以国难日亟,危亡在即,欲谋救济,必须从团结入手……倘荷贵省诸公同意发起,提挈进行,不胜大幸……

收到江苏国难救济会的电文后,正在积极从事抗日救亡活动的卢作孚立即响应,出面联络何北衡、梅黍雨、文伯鲁、康心如、胡景伊、徐中甫、罗春士等重庆各界爱国人士,着手筹备成立事宜。

经过卢作孚等人的发起和组织运筹,1932年1月23日,重庆救国会在重庆陕西街青年会举行了成立大会,与会的社会贤达、文化名流、商界领袖共23人。会上通过了会员规约,推选卢作孚等5人为干事,康心之、陈碧涵为文书干事,黄次咸为庶务干事,谢琴生为图书干事。卢作孚被公推为总干事,全面负责重庆救国会的会务工作。

重庆救国会以"发表人民之意见,内以促成各方之团结,外以抗拒暴日之横行"为宗旨,配合各地的爱国团体,共同开展抗日救亡运动。在卢作孚的运筹谋划下,重庆救国会开展了一系列活动,如:发表救国通电、讨论救亡对策、宣传鼓动抗日、编印战事消息、报道救亡活动、组织开展募捐、支援前线抗战,等等。

重庆救国会的活动史实从一个侧面展现了卢作孚抗日救亡纾国难的一段壮丽人生,折射出他的爱国情怀和精神追求。

1934年,重庆救国会因内部组织不良,工作停顿。[1]尽管如此,重庆救国会的工作还是取得了一定成效,为推动重庆的抗日救亡活动,形成民众热情高涨、各界团结一致共纾国难的局面贡献了力量。华北事变之后,在民族危亡的新形势下,1936年6月,漆鲁鱼、侯野君、温嗣翔(温田丰)、陶敬之、饶友瑚、陈和玉(陈倩华)等人召开会议,成立了重庆各界救国联合会(简称"重庆救国会"),推选漆鲁鱼任总干事,侯野君任组织干事,温嗣翔为宣传干事,陶敬之、饶友瑚任干事。[2]此时的重庆救国会与彼时的重庆救国会没有直接关联,此时的重庆救国会是以漆鲁鱼为首的几位中共党员及重庆一批进步青年共同成立的一个抗日救亡团体,领导重庆人民进行抗日救亡运动。

与此同时,在卢作孚的大力支持下,峡防局组织北碚抗日救国义勇军。经过三个月的突击学习,峡防局职署中的民族忧患意识与抗日救亡热忱不断高涨。随后,峡防局成立义勇军,将爱国主义由学习研究扩及军事训练,动员对象也从

---

[1] 龙世和:《卢作孚发起成立重庆救国会始末》,《红岩春秋》2012年第5期。
[2] 中共重庆市委党史工作委员会:《重庆救国会》,渝计印刷厂,1985,第3页。

少数职属扩展到一般民众之中,演化成轰轰烈烈的北碚群众爱国运动。

1931年12月30日,《嘉陵江日报》刊载了峡防局正在筹备成立抗日救国义勇军的消息。报道称:"峡防局当道诸人鉴于国难临头,不可退让,更恐一旦波及四川,遂毅然起而组织抗日救国义勇军,群起武装,集中训练。不幸一旦中国正式宣战,则全体直前交锋,齐殉国难。"抗日救国义勇军的装具也做了革新,臂章上印"毋忘东北"四字,毯子上则印"卧薪尝胆"。同时,在嘉陵江文笔沱及庙嘴石壁上大书"毋忘东北"四字,既以此刺激民众,也作为该军的纪念。

报道还指出,义勇军有两大特殊纪律:一有排难解纷的义务;二有扶助老弱的义务。一旦所有装具设置完善,即举行宣誓典礼,正式成立,发给枪弹,实弹打靶,加强军事训练,希望随时随地均保持作战状态。该军成员均并入东北问题研究会,计划于1932年1月底研究会结束后到重庆开展扩大宣传,联络各方青年朋友,共同起来组织作与日宣战准备。

另外,该报道还附录了《峡防局抗日救国义勇军简章》,具体内容为:

第一条 本军定名为"峡防局抗日救国义勇军",由峡防局职员及少年义勇队队员联合组织之。

第二条 本军编为两队,峡防局职员为一队,少年义勇队为第二队。

第三条 本军设指挥部于峡防局,及副指挥各一人,由峡局局长及副局长任之。

第四条 每队设队长一人,队副(副队长)一人,每班设班长一人,由指挥部选任之。

第五条 本队选定余时间施行军事训练,各队队员应守军律。

第六条 国家如对日宣战时,本军有全部应征赴战之义务。

第七条 各队队员须在任何机会当中,努力于有规律之抗日救国工作。

第八条 各队队员在任何需要上不得购用日货,只能购用国货。

第九条 本简章自公布日施行。[1]

1932年2月初,峡防局东北问题研究会宣告结束,政治、经济、文化、军事、外交、交通、时事等各研究组将所有研究结果整理成大纲及各种图表,交峡防局政治股汇集,以此作为职员成绩考核依据之一。同时,准备将学习成果编辑出专书,供一般社会人士之参阅。[2]

2月1日,峡防局抗日救国义勇军正式成立,并联合中国西部科学院、北碚乡公所、北碚农村银行、三峡染织工厂、嘉陵江温泉公园、峡区地方医院、峡区图书馆、兼善中学校、峡

---

[1] 《峡防局抗日救国义勇军》,《嘉陵江日报》1931年12月30日第1版。
[2] 《峡局的东北研究会结束》,《嘉陵江日报》1932年2月6日第2版。

区实用小学校、北碚第一民众学校、北碚第二民众学校、北碚民众俱乐部、北碚平民公园、峡防局少年义勇队、峡防局常备一中队二中队、手枪队、北川铁路特务队、北碚特务队等机构同人,致电重庆的刘湘,成都的刘文辉、邓锡侯,潼川的田颂尧,广安的杨森等川军将领及川渝各报馆、各机关、各团体、各学校。电文先言明义勇军成立之原委,即在东北沦陷,国难当头之际而"大多数人不知东北之为问题,犹是醉生梦死、骄奢淫逸者,犹是穷其精力于骄奢淫逸,植党营私者,犹是穷其精力于结党营私"[1]。义勇军成立的动因正是为唤醒国家观念淡漠的民众。

电文提出各方应秉持民族国家至上的原则,倡议"各方党争,当可立刻停止,携手救此国家之眉急。各省拥有兵力之领袖尤当如何大声疾呼,有以协力促成之"[2]。川中各军也应团结协作,以大部分开往中原,加入前线,不足则征兵于义勇军,急施训练以助之。军费则由全省统筹比例分配,或暂维现状,各就地方收入供给,其有不足,另谋协济。电文还呼吁地方团体"起而联合民众,各就当地请愿,当局不达期望绝不停止。更起而集义勇军以当出征,或维持后方治安之责任。竭力筹饷以助出征之部队"。各部队、各机关、各团体、各学校一致动员,举行讲演,发布刊物,加强训练。

《成立北碚抗日救国义勇军宣言》则明确提出义勇军的

---

[1] 《北碚抗日救国义勇军致各方之快邮》,《嘉陵江日报》1932年2月5日第2版。
[2] 《北碚抗日救国义勇军致各方之快邮》,《嘉陵江日报》1932年2月5日第2版。

工作方向主要体现在两个方面：一是全力对当局请愿，对民众宣传，即日出发，从重庆至广安、潼川、成都，促起各方共赴国难；二是急施训练，以此为倡导，促起民众共作后援，发挥预备役的作用。[1]

2月3日，北碚各界请愿团在峡防局副局长熊明甫的率领下前往重庆市区向刘湘请愿。请愿团一行73人，其中义勇军35名，市民38人，共携带各种传单及宣言，沿途宣传"只有战争才能救中国"。[2]请愿团派出5位代表，分别就请愿团成立经过、列强对华态度、四川当局应对策略、出川抗战应做的准备、四川抗战与中央政府的关系等五个方面向刘湘做了汇报。这些汇报中最核心的内容是对川军当局出兵的建议。

随着东北问题研究会的终结和义勇军请愿活动的结束，峡防局工作的主题再次转回到地方性的经济事业和公共秩序的建设之上。[3]这也为全面抗日战争爆发之时北碚成为大后方重要迁建区奠定了坚实的基础。

三、东北问题研究会的成立

"九一八"事变爆发后，峡防局机关报就及时报道了这一事变。1931年9月22日，卢作孚专门从重庆致函峡防局各

---

[1]《成立北碚抗日救国义勇军宣言》，《嘉陵江日报》1932年2月6日第2版。
[2]《北碚抗日救国义勇军向刘军长请愿经过》，《嘉陵江日报》1932年2月8—9日第1、2版。
[3] 王果：《民族主义的在地化：九·一八前后北碚的爱国救国运动》，《四川大学学报（哲学社会科学版）》2018年第5期。

主管人员,对当前时局发表了自己的看法,同时对峡防局的应对之策作出指示。卢作孚在信函中写道,"九一八"事变"非偶然激于意气之举,日人之处心积虑,非一朝夕。去年游历东北,即深觉之。读关于东北之一切著作,尤其出于日人之笔者,更可明了矣"。他认为此事关系重大紧迫,"吾人不可不加以深刻之研究!"他对各股负责人说:

请各领导人员,倡读东北问题诸书,搜集万宝山案以来事实,加以整理。万分希望全国自当局以至人民,经此刺激,有所振拔,顾以往事迹证之,最显著莫如中日交涉之役。曾几何日,便以置诸脑后,吾人不能望诸远大,乃不能不退而自责,"集中精神""加速前进",期以事业所著之成绩,影响周围,促成一般人由作人群之活动,以有人群之认识……力须完全用在公众身上,乃能振起一时萎靡之习,而矫各为一时、各为一己之病。

卢作孚开的"对症之药"主要在两方面:一是研读东北问题诸书,通过学习认识了解东北,建立东北、北碚休戚相关的共同体意识;二是化民族危机的激愤,为地方建设事业的动力,"振起一时萎靡之习",集中精力,"期以事业所著之成绩"。[1]

"九一八"事变后,国难当头,卢作孚为何要指示以维护地方治安为职责的峡防局职员开展东北问题的学习和讨论呢?这还得从一年前的出川考察谈起。1930年7月19日,

---

[1] 王果:《民族主义的在地化:九·一八前后北碚的爱国救国运动》,《四川大学学报(哲学社会科学版)》2018年第5期。

卢作孚一行刚结束东北考察，来到天津。当他们见到南开大学校长张伯苓时，谈起东北情形，张校长告诉卢作孚南开大学组织师生成立了一个东北研究会，研究东北的种种问题，并将研究会近期成果拿给他看。[1]原来1927年9月张伯苓到大连等地考察东北情况，目睹日本侵略中国之野心，深感"不到东北，不知中国之险"，回校后旋即筹备南开大学满蒙研究会（后改称东北研究会），"专事收集满蒙问题之材料，而用科学的方法，以解决中国之问题"，组织师生亲赴东北开展实地调查研究，收集日本侵略东北的铁证。[2]卢作孚看后大为感动，也大受启发。

卢作孚回到北碚后，立即决定在北碚峡防局也成立东北问题研究会，要求峡防局全体机关人员都来参加，都来关心东北问题。因此，"九一八"事变后卢作孚想到的应对之策首先便是组织峡防局职员研究东北问题。1931年10月4日，为搜求研究东北问题的资料，卢作孚致函张伯苓说，去年参观南开大学时，得知学校有东北研究会，研究中日满蒙问题。近来，东北沦陷，非常佩服张校长的远见卓识。峡防局同人也想进行东北问题研究，苦于缺乏材料，"拟请先进将研究所得检赐一份，俾作参考，并祈介绍研究资料，以便购买。此后研究如有疑问，更盼指导"[3]。

---

[1] 卢作孚：《东北游记》（1931年11月再版），载张守广、项锦熙主编《卢作孚全集》第1卷，人民日报出版社，2016，第268页。
[2] 南开大学党委宣传部、南开大学校史研究室：《抗战烽火中的南开大学》，河南大学出版社，2015，第551页。
[3] 卢作孚：《致张伯苓函》（1931年10月4日），载张守广、项锦熙主编《卢作孚全集》第1卷，人民日报出版社，2016，第362页。

由此信可知,卢作孚在峡区成立东北问题研究会的目的,也是要使北碚峡防局机关人员在学习、研究东北问题时养成严谨、务实的工作态度,以及树立爱国精神和忧患意识,时时关心沦陷的祖国领土,不忘国耻。[1]

接到卢作孚的指示后,峡防局各主管即于1931年9月23日晚举行会议,在北碚发起并成立东北问题研究会,由图书馆尽量供给材料,共同研究东北问题。他们把学习内容分为文化、政治、经济、军事、交通五大类,分别由峡防局各机关负责人牵头组织学习。其中,文化类包括教育、新闻、慈善等,由峡防局教育指导员兼任兼善中学训育主任张从吾等负责;政治类包括移殖、警察、外交等,由峡防局政治股主任黄子裳主任等负责;经济类包括农业、工商、矿业等,由聚兴诚银行伍玉璋经理、峡防局工务股缪成之主任等负责;军事类包括海陆空等,由卢子英主任等负责;交通类包括邮、电、路、航等,由卢作孚局长负责。[2]

一个月后,他们构建了一个更为全面的东北知识系统,大体以东北史地和中日关系为总论,以地理、交通、交涉、文化、军事、政治、经济为延伸,一共八个方面,基本囊括了日本经略东北的关键方面。在每个方面之下,又设计了具体题目,突出需要注意的关键环节。比如"总记",包括东北问题总论、满洲之国际关系、满洲的中日关系论、从日本方面所

---

[1] 刘重来:《1930年卢作孚东北考察:忧心如焚与应对之策》,《世纪》2016年第4期。
[2] 《峡局全体人员研究东北问题》,《嘉陵江日报》1931年9月25日第1版。

见之满蒙、日本侵略满洲的主要工具、满洲的历史研究、我国方面所见的满蒙等。在政治方面,包括日本政党、对华政策、日本在东省的政治势力、殖民等项。其中"殖民"项下又包括日本殖民我国情况、日本反华势力的增长、日本人在满洲的职业、殖民区域、朝鲜人的北侵、东省之国权丧失等。在经济方面,包括日本人与东北、人口与移民、土地垦殖与地租、土壤与作物、牧畜与渔业、地质与矿产、煤、棉与纱、事业与劳动、商业与运输、贸易与国税、银行货币与金融市场等12项内容。①

这个框架将零散的、庞杂的知识,纳入了一个带有强烈民族主义色彩的知识大纲中,有利于学习者在最短的时间内迅速了解日本经营东北的方式和手段,尽快掌握日本人殖民东北的控制逻辑。照着这个思路,民族忧患意识与抗日救亡观念从考察团的少数人(峡防局主要负责人和青年骨干)进一步扩展到峡防局的全体士兵和职员之中,使其形成了从认识东北,到捍卫东北、保卫国家的意识形态,整个峡局迅速行动起来。②

东北问题研究会成立后,峡防局职员一体加入,"竟日竟夜开会,讨论研究及整理办法,每日午后和晚间均有一定之研究时间,以供研究"③。峡区图书馆为此专辟东北问题研

---

① 《峡局职员研究东北问题之分类大纲》,《嘉陵江日报》1931年10月23日第1版。
② 王果:《民族主义的在地化:九·一八前后北碚的爱国救国运动》,《四川大学学报(哲学社会科学版)》2018年第5期。
③ 《峡局的东北研究会结束》,《嘉陵江日报》1932年2月6日第2版。

究室两间,并添制东北地图及中西历对照表与各国对照表,以助研究。除了各职员对东北问题作专门研究外,负责峡区治安警戒的常备队及北碚特务队也加入其中,"每周除训练学术科外,更兼教以东北各种问题,俾得知东北现况,促进其爱国热诚"[1]。

四、漆鲁鱼及重庆救国会在北碚的活动

1935年,日本悍然发动"华北事变",中华民族面临着亡国灭种的危机,然而国民政府仍坚持不抵抗政策。在这危急关头,中国共产党于8月1日发出了《为抗日救国告全体同胞书》(简称"八一宣言"),提出"停止内战一致抗日"的号召。北平学生受宣言感召,于12月9日齐聚街头宣传抗日主张。"一二·九"运动的消息传到重庆后,各界纷起响应,抗战热情高涨。但此时的重庆革命氛围处于低潮时期,在重庆救国会停顿之后,尚无任何组织团体引导民众进行抗日救亡运动。

漆鲁鱼(1902—1974),重庆江津人,是漆南薰烈士(曾任《新蜀报》主笔,牺牲于1927年"三三一"惨案中)的侄子。他早年留学日本学医,1929年在江津加入中国共产党,不久受党组织派遣到上海做地下工作。1934年赴中央苏区,任中华苏维埃共和国临时中央政府卫生部保健局局长。1934年

---

[1]《江巴璧合四县特组峡防团务局二十年十月份工作报告书》,重庆市档案馆藏,档案号:00810010032500000001000。

秋，红军长征北上抗日前夕，因陈毅身负重伤，中央决定让他就地留下治疗，并将漆鲁鱼一道留下护理陈毅，让漆鲁鱼兼任江西省军区卫生部长。红军长征后，在敌方的数次"围剿"中，漆鲁鱼与部队失去联系。之后不久又在赣南寻乌县落入敌手。1935年5月，获释的漆鲁鱼急切盼望能与党组织尽快接上关系。他深思熟虑后决定到广东省兴宁县去找曾共过事的老蔡同志进而找到党组织。他从江西瑞金出发到汕头再到上海，沿途讨饭找党组织，在没有找到的情况下，1935年年底他暂时返回老家江津。1936年2月，他来到重庆，继续积极寻找党组织。回到重庆的漆鲁鱼受1936年5月在上海成立的全国各界救国联合会的影响，与部分与党组织失去联系的中共党员及一批重庆的进步青年决定在重庆成立一个抗日救亡团体，领导重庆人民的抗日救亡运动。

1936年6月漆鲁鱼、侯野君、温嗣翔、陶敬之、饶友瑚等召开会议，正式成立了重庆各界救国联合会，漆鲁鱼任总干事。其下属组织有重庆学生救国联合会（简称"学救会"）、重庆职业青年救国联合会（简称"职救会"）、重庆文化界救国联合会（简称"文救会"）以及重庆妇女界救国联合会（简称"妇救会"）。重庆救国会及其下属各团体是党直接领导的外围组织，自成立后迅速成为重庆抗日救亡运动的领导核心。1938年底，根据党的指示，重庆救国会停止活动。

在1936年6月至1938年间，重庆各界救国联合会总干事漆鲁鱼、学救会负责人刘传弗等，通过各种渠道，先后几次在北碚发展重庆各界救国联合会组织，领导各界群众积极开展抗日救亡活动。特别是1938年初复旦大学迁来北碚后,在复旦土木系学生兼助教沈钧与四川中学学生党员沙轶茵的领导下,除在复旦大学、四川中学、兼善中学等校发展了40多名救国会成员外,还在地方上发展了重庆各界救国联合会成员刘忠义、罗中典、周远侯等20余人。在北碚没有建立起党组织以前,作为党领导下的外围组织,重庆各界救国联合会在北碚的革命斗争中发挥了重要作用。具体而言,体现在以下四个方面:

第一,为北碚地方党组织的建立,在思想上、组织上打下了基础,救国会成员后来基本上都加入了中国共产党。

第二,领导了北碚抗日救亡运动。救国会成员深入学校、工厂、农村、街道,办夜校、办壁报,组织演出,发动群众努力生产支援抗战。

第三,进行统战工作,团结各阶层人士为抗战出力。漆鲁鱼赠予卢氏兄弟一些毛泽东和朱德同志及美国进步作家斯诺的论著,如《抗日救国告全体同胞书》《中国共产党致国民党书》等,实验区把这些书翻印出来,发给峡区职员和教师阅读。

第四,在大中学校和一些单位建立读书会,组织进步师生学习马克思主义著作和党的方针政策,在工厂、农村发展社团,开展各种进步活动,同反动势力斗争,安排进步青年去延安和抗战前线。

重庆各界救国联合会的各下属组织也在北碚开展抗日救国活动。1936年秋,兼善中学学生黄世元(黄友凡),经重庆学生救国会主席刘传蒴介绍加入学救会后,在学校团结进步同学,建立读书会,学习进步书籍,开展抗日救亡活动。黄毕业后,到中国西部科学院工作,1937年春他与西部科学院、兼善中学的进步青年王道济、唐建中、李亚君、陈治谟等组织"业余生活社",编印了4期《业余生活》刊物,刊载时事评论、散文、诗歌等作品,进行抗日宣传。1937年春,兼善中学学生刘世济(刘征鸿),经北碚《嘉陵江日报》记者周远侯介绍,与漆鲁鱼直接联系后,和邓承超(金石)、杨世银、周子芹、倪雪松等于4月在兼善中学成立了救国会组织,发展同学周升禄、黄桷镇民教助理罗世金(罗布)等入会。并以"兼善中学读书会"名义进行活动,团结广大学生开展救亡活动。周子芹等还积极参加援绥募捐活动,支援前线抗战将士。1938年7月,经八路军驻渝联络处介绍,刘世济、邓承超、杨世银等都前往延安工作。

应卢子英的邀请,由重庆文化救国会萧崇素、高孟觉领导的"移动演剧队",到各地宣传抗战。萧崇素借着卢子英为他举办欢迎会和茶话会的机会,陈述重庆救国会的主张,宣传中共团结抗日的统战政策,批判投降派的错误言行,批驳国民党中一些人所谓"柏林路线""罗马路线"等错误观点。高孟觉还在北碚开设了专售进步书籍的"五月书店"。

1937年初,重庆各界救国联合会派学救会骨干张西洛、温厚华进入三峡织布厂做艺徒,在工人和居民中进行宣传、演讲,教唱抗日歌曲,组织阅读进步书刊,直至8月被解雇回重庆。同年下半年,文救会的"移动演剧队"和学救会的"课余农村宣传队",先后到北碚,在朝阳、白庙、文星场、代家沟、蔡家等地宣传,演出抗日歌曲、戏剧,进行社会调查,举办工农识字班,发动群众投入抗日救亡运动。

重庆妇女救国会也在北碚活动。1938年1月,中共党员沙轶茵到重庆经漆鲁鱼联系上党组织,并参加重庆妇女救国会和抗日妇女慰劳会工作。受组织委派,她来到刚迁至北碚不久的国立二中女子部,开展学生和妇女工作。国立二中的妇女救国会成员不但在校内组织读书会,学习进步书籍,开展进步活动,还在校外为工人、店员、居民开办夜校。如在正码头体育场附近的东南茶社,便有一所夜校。他们还自带被盖、伙食到合川草街等地宣传抗日。北碚妇女救国会还成立全区性的北碚妇女抗敌后援会、慰劳会。北碚救国会的重要成员刘忠义、罗中典等都重视妇女工作,他们发动妇女搞募捐、做衣鞋,送到抗日前线,鼓励战士英勇抗敌。

五、中共北碚中心县委成立

1938年8月10日,漆鲁鱼同罗中典、沈钧、刘文襄、周远侯到北碚嘉陵江边,宣布成立中共北碚实验区特支委员会。[1]由罗中典担任书记,沈钧负责组织,刘文襄负责宣传,共有党员27人。中共北碚实验区特支委员会是中国共产党

---

[1] 中共北碚区委组织部、中共北碚区委党史工作委员会、北碚区档案局:《中国共产党重庆市北碚区组织史资料》,巴县印刷厂,1990,第11页。

在北碚建立的第一个北碚地方党组织领导机构。[1]下属五个支部：复旦大学支部、国立二中（四川中学）支部、实验区署支部、小学教师支部和中国西部科学院支部。另外还有一部分党员是通过个别联系开展工作的。特支机关地点设在黄桷镇的一家煤炭商店。这一时期的工作任务以开展抗日救亡、扩大组织、发展党员为主。此时，在北碚的共产党员已有沈钧、张元松、罗中典、席继仁、周远侯、朱玉麟、方毓兰、郑彦梅、康穆、吕凤英、张跃文、钱澄宇、倪雪松等。[2]党员在党的活动基地进行庄严的宣誓活动。每个党员配有一本由长江局出版的党员学习小册子，只有10页左右，却包含了党的基础知识和党的纪律。[3]然后，随着中共北碚地方党组织的发展壮大和形势的变化，重庆市委决定成立中共北碚实验区特区委，领导北碚和邻水党组织。由沈钧担任书记，下属1个特支、1个城镇区委、1个总支、7个直属支部，共有119名党员。中共北碚实验区特支委员会完成了自己的使命，从此宣告结束。[4]

---

[1] 另据1938年沈钧、江浩然、吕凤英回忆和1970年漆鲁鱼提供的材料，北碚地方党组织的领导机构名称是中共北碚三峡实验区委员会。中共重庆市北碚区委党史研究室：《中共北碚地方党史大事记（1925—1993）》，北碚三峡印刷厂，1997，第9页注。
[2] 中共北碚区委党史研究室：《中国共产党重庆历史·北碚区卷》，重庆出版社，2011，第7页。
[3] 罗布：《从北碚黄桷镇支部到十八集团军护士大队》，载中共重庆市北碚区委党史研究组编《北碚党史资料汇编》第1辑，合川人民印刷厂，1983，第85-86页。
[4] 刘显然：《抗战时期的中共北碚地方党组织》，载中国人民政治协商会议重庆市北碚区委员会文史资料委员会编《抗日战争时期的北碚》，北碚三峡印刷厂，1992，第29页。

1938年12月,川东特委组织部部长宋林到北碚,决定成立中共北碚中心县委。之后,川东特委鉴于国民党加强"反共"政策的形势,作出《关于组织问题的决定》。因此,北碚中心县委严格遵守"禁止各级组织之间发生横的关系;停止上下级业务部门之间单独的联系与会议;禁止上级组织越级调下级干部谈话;减少交通和通讯联系"等指示,[1]领导北碚、合川、铜梁、邻水、璧山以及周边一些地区开展革命活动。先后有沈钧、李亚群、罗明、艾英和蒋可然五位任书记。1939年2月至7月,沈钧驻合川,亦称合川中心县委。北碚中心县委还曾领导和联系了江北、巴县、渠县、广安、武胜、潼南的中共党组织。其中复旦大学支部、大明纺织染厂支部和育才学校支部是县委直接领导的重点支部。根据北碚地区的工作需要,北碚中心县委对原北碚实验区特区委进行了重组,并下设北碚铁路矿区委和北碚城镇区委,直到1940年中共北碚实验区特区委撤销。1939年7月下旬,根据中共中央南方局发出的秘密工作条例,"各地党的组织从半公开的形式转到基本是秘密(地下党)的形式,并实行与此相适应的工作方法;建立完全的秘密的机关",[2]中心县委机关驻地曾先后设在黄桷镇煤炭商店、北碚熊家湾(今天生街道梨园村70号)、北碚魏家湾(今天生派出所)、黄桷镇夏坝农村廖家

---

[1] 南方局党史资料征集小组:《南方局党史资料 大事记》,重庆出版社,1986,第57页。
[2] 南方局党史资料征集小组:《南方局党史资料 大事记》,重庆出版社,1986,第64页。

院子。①中心县委成立期间虽有几次调动人员,但一直坚持到1944年。毛泽东曾在共产党内的指示中指出:"在敌占区和国民党统治区的政策,是一方面尽量地发展统一战线的工作,一方面采取荫蔽精干的政策;是在组织方式和斗争方式上采取荫蔽精干、长期埋伏、积蓄力量、以待时机的政策。"②北碚中心县委的工作内容主要围绕三个方面:第一,重视共产党员教育,加强党的建设,培养干部及学生;第二,领导工人、学生开展抗日救亡运动;第三,加强统战工作,与反动敌特分子作斗争。以北碚地方政府、天府煤矿、大明纺织染厂和复旦大学为重点工作单位,北碚中心县委展开了轰轰烈烈的抗日救亡运动。③

为了保持中共党组织的纯洁性,北碚中心县委在发展共产党员时就严格审核入党手续,对党员进行党章、党纪及马克思列宁主义的教育,还通过举办党员学习班,提高党员素质。沈钧和李亚群分别在黄桷镇炭坪子商店和白虾井小学举办过几期学习班,培训县区级党员干部。学习班规模不大,主要由李亚群、江浩然、罗明和刘隆华等负责讲课,一期学员10人左右,时长一周。这种教育活动在有条件的支部也有开展。李亚群任北碚中心县委书记时期,对北碚党组织

---

① 刘显然:《抗战时期的中共北碚地方党组织》,载中国人民政治协商会议重庆市北碚区委员会文史资料委员会编《抗日战争时期的北碚》,北碚三峡印刷厂,1992,第30页。
② 毛泽东:《论政策(摘录)(一九四〇年十二月二十五日)》,载南方局党史资料征集小组编《南方局党史资料 大事记》,重庆出版社,1986,第18页。
③ 刘隆华:《我们不能忘记过去》,载中共重庆市北碚区委党史研究室编《中国共产党民主革命时期北碚地方史概略》,北碚三峡印刷厂,1995,第4-5页。

的巩固和发展起了重要作用。一方面加强党的建设,领导干部学习;另一方面团结中心县委委员和常委,哪怕是在形势紧张期间,个别接头联系都没有间断过。①1939年10月,中共川东特委召开特委扩大会议,决定"立即着手审查干部""切实改变干部中的'救亡作风'"。②北碚中心县委及时纠正共产党员中存在的问题。1940年,熊伯涛任中共北碚县委书记机关中心支部书记,由于形势紧张,他所领导的30多名党员无法过组织生活。他只好冒着危险,定期到西山坪、蚕种场、澄江小学等单位,与党员单线联系,沟通工作。③

1938年底,北碚中心县委成立工运工作部,由江浩然、罗浩、许建业、王瑶琼、周碧如、刘渝明等人负责。12月,还成立了天府煤矿总支,由樊恒才担任书记,下属六个支部。矿冶研究所和嘉陵煤球厂等单位,共产党员共4人,成立联合支部。中共北碚地方党组织组织了夜校学习,从宣传入手,通过戏剧、歌咏、义卖等形式,宣传抗日民主救亡思想。大明纺织染厂也是北碚中心县委工人运动的重点。组织上派人参加四川棉纺织推广委员会训练班,建立"七·七"纺织生产合作社,建立了党支部,合作社既生产又育人,为党培

---

① 《诗是炮弹笔是枪,龙潭虎穴一英豪——记李亚群同志》,载唐宦存主编《嘉陵风云:中共重庆市北碚地区党史文集》,重庆出版社,2004,第410页。
② 南方局党史资料征集小组:《南方局党史资料 大事记》,重庆出版社,1986,第73页。
③ 唐宦存:《党的好干部熊伯涛》,载中共重庆市北碚区委党史工作委员会编《北碚党史资料汇编》第8辑,重庆印制第七厂,1987,第63页。

养了一批优秀干部。[1]例如周人举,他以镇联保处助理员的身份,到处筹集资金,并寻找厂房地址,招揽技师,以使合作社尽快投入生产。1939年,北碚中心县委为加强统战工作,建立统战支部,刘文襄任支部书记。以地方政权为工作主要内容,以中上层人士为重点对象,保持北碚独立性。1942年,由于形势紧张,北碚中心县委在嘉陵江的船上召开两次重要会议,贯彻落实中共中央和中共中央南方局的指示,做好抗日宣传和整顿、隐蔽工作。用社会职业作掩护,将一些暴露了的同志安排在合作社隐蔽。[2]1943年,根据中共中央和中共中央南方局的指示,蒋可然组织北碚中心县委主要领导同志学习整风文献,强调党的纪律,树立抗日信心,提高同志们的思想政治觉悟,对个别表现不好的党员也进行了处理,停止联系。[3]为了贯彻落实隐蔽方针政策,北碚中心县委还传达了党员的工作原则和工作任务是"70分成绩,1个技术,3个朋友,1个团体,做社会调查"。"70分成绩"是说党员在其所在的单位工作业绩要有70分,不能做得太好,容易被国民党特务察觉,在社会上也不能太过公开表现自己,容易引起别人的注意,更不能做得不好,失去群众的信任。"1个技术"也就

---

[1] 永行:《赤胆忠心,坚贞不屈——记段定陶烈士》,载唐宦存主编《嘉陵风云:中共重庆市北碚地区党史文集》,重庆出版社,2004,第56页。
[2] 中共重庆市北碚区委党史研究室:《中国共产党民主革命时期北碚地方史概略》,北碚三峡印刷厂,1995,第26、29、31、37、41页。
[3] 唐宦存:《北碚中心县委书记蒋可然》,载中共重庆市北碚区委党史工作委员会编《英烈的足迹——北碚党史人物专辑》,合川人民印刷厂,1986,第11页。

是党员在单位工作中要有一技之长,以免失去工作,无法扎根群众。"3个朋友",是说要结交能够对其产生较好的政治影响的朋友,要联系群众,密切关系。加入"1个团体"作为工作的基点,团结广大群众。通过社会调查,写成文章,公开发表。[1]在北碚中心县委的支持下,地下党同志在北碚、合川办"五月书店",在西部科学院办商店。[2]这些场所提供了隐蔽地点的同时还提供了许多情报。

在中共中央南方局的领导与指示下,从救国会到中共北碚实验区特支委员会,从中共北碚实验区特区委到中共北碚中心县委,北碚地方党组织从无到有,不断成长壮大。北碚的中共党组织在宣传抗日主张,开展工运和学运,对地方实力派进行统战和展开对敌特斗争等方面成效卓著。1939年,曾任抗日军政大学教员的汪伦来到北碚,任《嘉陵江日报》总编和《北碚月刊》主任,受中共中央南方局领导对卢作孚、卢子英做了卓有成效的统战工作。此外,中共中央南方局除"七·七"纺织生产合作社外,还筹建了北碚炼油厂这一秘密据点,供从重庆到延安的进步青年在此暂时隐蔽。

---

[1] 《李家庆同志谈抗战胜利前后北碚地下党的情况》,载唐宦存主编《嘉陵风云:中共重庆市北碚地区党史文集》,重庆出版社,2004,第291—292页。
[2] 唐宦存:《"七·七"纺织生产合作社和北碚炼油厂》,载中国人民政治协商会议重庆市北碚区委员会文史资料委员会编《抗日战争时期的北碚》,北碚三峡印刷厂,1992,第115页。

全面抗日战争时期中国共产党重庆市北碚地区组织机构的发展与流变一览表

组织名称	领导人	任职时间
复旦大学党支部和四川中学党支部	张元松、沈钧、吕凤英	1938年2月—1938年8月
中共北碚实验区特支委员会	罗中典	1938年8月—1938年10月
中共北碚实验区特区委	沈钧	1938年10月—1938年12月
中共北碚中心县委	沈钧	1938年12月—1939年8月
	李亚群	1939年9月—1940年11月
	罗明	1940年11月—1941年2月
	艾英	1941年2月—1941年5月
	蒋可然	1941年5月—1944年上半年

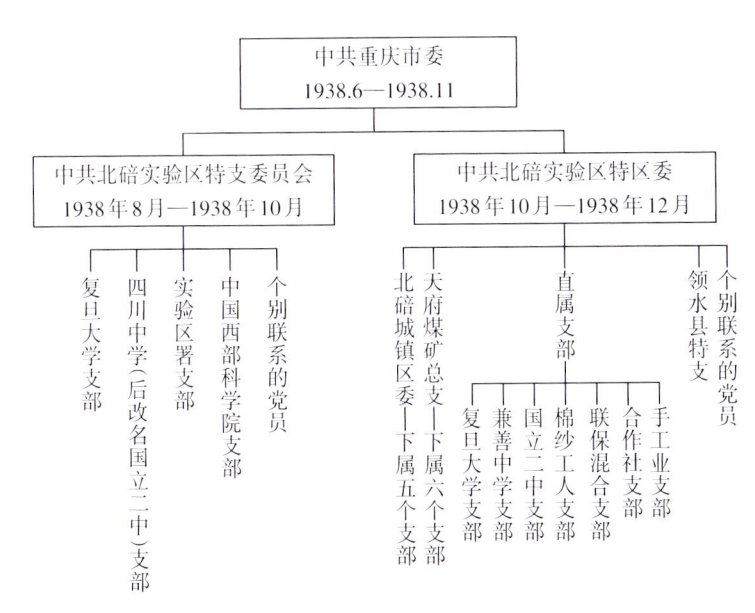

中共重庆市委
1938.6—1938.11

中共北碚实验区特支委员会
1938年8月—1938年10月
- 复旦大学支部
- 四川中学（后改名国立二中）支部
- 实验区署支部
- 中国西部科学院支部
- 个别联系的党员

中共北碚实验区特区委
1938年10月—1938年12月
- 北碚城镇区委——下属六个支部
- 天府煤矿总支——下属五个支部
- 直属支部
  - 复旦大学支部
  - 国立二中支部
  - 兼善中学支部
  - 棉纱工人支部
  - 联保混合支部
  - 合作社支部
  - 手工业支部
- 领水县特支
- 个别联系的党员

全面抗日战争时期中国共产党重庆市北碚地区组织机构图（一）

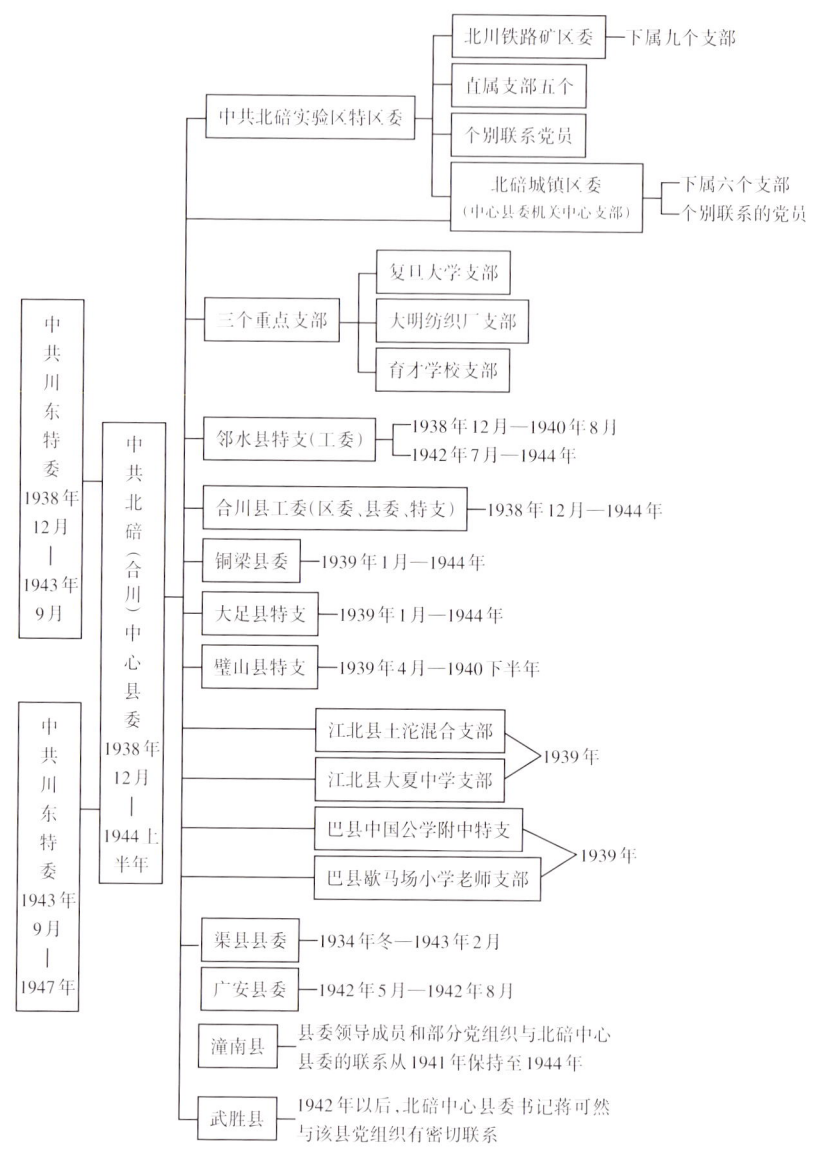

```
                                                    ┌─ 北川铁路矿区委 ─── 下属九个支部
                                                    │
                                ┌─ 中共北碚实验区特区委 ─┼─ 直属支部五个
                                │                   │
                                │                   └─ 个别联系党员
                                │
                                │                   ┌─ 北碚城镇区委 ──── 下属六个支部
                                ├──────────────────── (中心县委机关中心支部) ── 个别联系的党员
                                │
                                │                   ┌─ 复旦大学支部
                                ├─ 三个重点支部 ────┼─ 大明纺织厂支部
                                │                   └─ 育才学校支部
                                │
                                │                       1938年12月—1940年8月
                                ├─ 邻水县特支(工委) ─── 1942年7月—1944年
                                │
                    中共北碚     ├─ 合川县工委(区委、县委、特支) ─ 1938年12月—1944年
                    (合川)       │
            中共     中心县委     ├─ 铜梁县委 ──── 1939年1月—1944年
            川东     1938年       │
            特委     12月         ├─ 大足县特支 ── 1939年1月—1944年
            1938年   —            │
            12月     1944上       ├─ 璧山县特支 ── 1939年4月—1940下半年
            —        半年         │
            1943年                │  ┌─ 江北县土沱混合支部 ─┐
            9月                   ├──┤                    ├─ 1939年
                                 │  └─ 江北县大夏中学支部 ─┘
                                 │
                                 │  ┌─ 巴县中国公学附中特支 ─┐
            中共                  ├──┤                      ├─ 1939年
            川东                  │  └─ 巴县歇马场小学老师支部┘
            特委                  │
            1943年                ├─ 渠县县委 ─── 1934年冬—1943年2月
            9月                   │
            —                    ├─ 广安县委 ─── 1942年5月—1942年8月
            1947年                │
                                 │              县委领导成员和部分党组织与北碚中心
                                 ├─ 潼南县 ────  县委的联系从1941年保持至1944年
                                 │
                                 │              1942年以后,北碚中心县委书记蒋可然
                                 └─ 武胜县 ────  与该县党组织有密切联系
```

全面抗日战争时期中国共产党重庆市北碚地区组织机构图(二)

第二章 西迁的故事

自卢沟桥事变发生以来,平津沦陷,战事蔓延,国民政府鉴于暴日无止境之侵略,爰决定抗战自卫,全国民众敌忾同仇,全体将士忠勇奋发,被侵各省,均有极急剧之奋斗,极壮烈之牺牲……迩者暴日更肆贪黩,分兵西进,逼我首都,察其用意,无非欲挟其暴力,要我为城下之盟……为国家生命计,为民族人格计……皆已无屈服之余地,凡有血气,无不具宁为玉碎,不为瓦全之决心。国民政府兹为适应战况,统筹全局长期抗战起见,本日移驻重庆,此后将以最广大之规模,从事更持久之战斗。以中华人民之众,土地之广,人人本必死之决心……继续抗战,必能达到维护国家民族生存独立之目的。特此宣告,惟共勉之。

——《国民政府移驻重庆宣言》

1937年11月17日，国民政府主席林森一行从南京出发，西迁重庆。11月26日，到达重庆。12月1日，国民政府在原省立重庆高级工业职业学校原址正式办公。到1938年8月，除军事委员会下属机构外，国民政府、国民党中央驻武汉各机关全部迁到重庆。同年12月，蒋介石率军事委员会余部飞抵重庆。至此，中国近代史上第一次大规模的中央政府首脑机关和国都大迁徙宣告完成，重庆成为名副其实的中国战时首都，成为国统区政治、经济、军事、文化教育的中心。

1938年10月，侵华日军占领武汉、广州后，尽管其继续坚持灭亡中国的总方针未变，但是限于军力、国力的制约以及外交上的孤立，被迫放弃"速战速决"的战略方针，确立了以政略进攻为主、军事打击为辅的侵华新方针。在日本看来，"对被压缩中之国民政府如放任不顾，则仍为重大之祸根，必贻后患，故仍须适宜促使其崩溃"[1]。日军大本营决定通过非军事的政略工作并辅之以军事打击，动摇中国政府坚持抗战的意志，迫使其放弃抗战立场。因而，实施了以挫败中国继续作战的意志，攻击"战略和政略中枢"，"促使蒋政权崩溃"为主要目的的所谓的"战略、政略性航空作战"。[2]

在国民政府西迁重庆和侵华日军对重庆实施无差别轰炸战略的新形势下，北碚因其20世纪20年代以来的建设成就及其独特的地理位置，成为战时首都的重要迁建区。

---

[1] 浙江省中国国民党历史研究组（筹）：《抗日战争时期国民党战场史料选编（第一册）》，浙江省中国国民党历史研究组，1986，第9页。
[2] 日本防卫厅防卫研究所战史室：《中国事变陆军作战史》第2卷，中华书局，1980，第54、187页。

一、卢作孚与宜昌大撤退

宜昌位于长江中游和上游的接合部,素有"川鄂咽喉""三峡门户"之称。全面抗日战争爆发后,国民政府西迁重庆,宜昌遂成为西迁人员和物资的转运基地(入川中转站)。

从1938年7月起,聚集在宜昌候轮赴川的人员超过万人,国民政府军政部兵工署、资源委员会和民营厂矿聚集在宜昌江边的货物堆积如山。武汉撤退后,宜昌情形更加危急,"当时存积宜昌的兵工器材,差不多有十三万吨,必须赶速抢运,当时川江水位已经开始枯落,宜昌重庆间轮船的总运量,每月不过六千吨"。[1]由于大部分轮船被兵工、军需两署统包,木船为避免各机关恃强抢用,多逗留宜昌附近的黄陵庙附近不肯东行,民营厂矿的器材运输更加困难。到1938年10月下旬武汉失守时,尚有9万吨以上的待运器材在宜昌滞留,全国兵工业、航空业、轻工业的精华均在其中。此时的宜昌城内,一片混乱,敌机不时临空骚扰,满街都是

---

[1] 《战时后方水上运输是怎样维持的》,《新世界》1944年第5期。

撤下来的惶恐不安的公职人员和难民，城外江边，从马路到美孚油池密密麻麻堆满了从前方撤下来的器材，其中绝大部分没有装箱，敞露在地上，任凭风吹雨淋。

宜昌城内的混乱秩序让物资转运雪上加霜。驻扎宜昌的各轮船公司都塞满了来要船只的各部门人员，怀远路民生公司也被购票的人群挤得水泄不通，尤其是一些武装押运货物的单位，都向公司施加压力。有些押运军官气势汹汹，动辄以"贻误戎机是问"相胁逼，甚至对船岸人员进行打骂。[1]

为解决长江上游水上运输中出现的混乱局面，国民政府决定成立军事委员会水陆运输管理委员会，任命交通部次长卢作孚为主任委员，驻宜昌调度指挥轮船运输。卢作孚能够依靠的运输力量主要是民生公司。此时的宜昌，由于汉口陷落，人心非常恐慌，秩序极为混乱。遍街皆是待疏散的人员，遍地皆是待内运的器材，加上争着抢运等原因，情形极为混乱。在这种情形下，卢作孚迅速与船舶运输司令部召集会议，并请各机关根据长江上游尚有40天中水位的客观情形，安排分配轮船吨位。办法确定后，卢作孚召集宜昌亟待抢运相关物资的机关、单位的负责人员开会，宣布约法三章：从现在起自己亲自掌握运输计划的分配，保证40天之内，运完全部滞留宜昌的器材，同时不允许到他那里嚷着要提前运输，否则挪后装运。约法三章后，运输秩序迅速改善，一切都按照计划进行，而卢作孚则每晚都要到江边码头

---

[1] 袁清：《卢作孚与宜昌大撤退》，《湖北档案》2015年第Z1期。

视察计划执行情况。[1]卢作孚自己也回忆道：当时所定的办法是由各厂矿各自选择重要器材，配合成套，先行起运，其余交由木船运输，或待40天后，另订计划运输。如来不及，或竟准备抛弃。至于何轮装运何机关器材，由我帮助分配。各机关完全表示同意。于是开始执行，效能提高，不止加倍，40天内，人员早已运完，器材运出三分之二。原来南北两岸各码头遍地堆满的器材，两个月后，不知道到那（哪）里去了，两岸萧条，仅有若干零碎废铁抛在地面了[2]。他还回忆，由于长江上游的滩险太多，只能白昼航行，于是尽量利用夜晚装卸，因为宜昌、重庆间上水至少需要4日，下水至少需要两日，于是尽量缩短航程，最不易装卸的，才运到重庆来，其次缩短一半航程运到万县，再其次缩短一半航程运到奉节巫山，甚至于巴东。一部分力量较大的轮船，除本身装运外，还得拖带一只驳船，尽量利用所有的力量和所有的时间，没有停顿一个日子，或枉费一个钟点。每晨宜昌总得开出5只、6只、7只轮船，下午总得有几只轮船回来，当轮船要抵达码头的时候，舱口盖子早已揭开，窗门早已拉开，起重机的长臂，早已举起，两岸的器材，早已装在驳船上，拖头已靠近驳船。轮船刚抛了锚，驳船即已被拖到轮船边，开始紧张地装货了。两岸亮起供下货的灯光，船上亮起供装货的灯

---

[1] 周仁贵：《光辉业绩永留人间——为卢作孚先生诞辰一百周年而作》，《风范长存——重庆市北碚区各界隆重纪念卢作孚先生诞辰一百周年》，西南农业大学印刷厂，1993，第65—67页。
[2] 卢作孚：《一桩惨淡经营的事业——民生实业公司》，民生实业公司，1943，第19—21页。

光,彻夜映在江上。岸上每数人或数十人一队,抬着沉重的机器,不断地歌唱,拖头往来的汽笛,不断地鸣叫,轮船上起重机的牙齿不断地呼号,配合形成了一支极其悲壮的交响曲,表现了中国人团结起来反抗敌人的精神。

经过几个月的奋战,把物资、人员全部抢运完毕,这就是宜昌抢运。这次宜昌撤退抢运在中国抗日战争史上有相当重要的意义,著名教育家晏阳初称其为"中国实业上的敦刻尔克",是胜利的撤退,并被普遍认为是中国抗战史上的一个奇迹。

在这场惊心动魄的大撤退运输中,卢作孚和他率领的民生公司向大后方抢运了数以万计的人员和物资。这些物资中的兵工器材是国家工业,尤其兵工业的命脉,重庆也因此成为战时兵器工业的重镇,保证了战时武器装备的生产。另外,也抢运了国民政府诸多机关、科研单位、学校的设备、历史文物及难童。宜昌大撤退创造了世界战争史的奇迹。

整个战时运输期间,民生公司抢运了150余万民众及100多万吨物资。在物资及人员抢运过程中,民生公司遭到了巨大损失,做出了巨大牺牲。据童少生回忆,民生公司有116人献出生命,61人伤残,16只船只被炸残炸沉。

这次成功的大撤退,既为中国抗战保存了部分力量,也再次为卢作孚和民生公司积累了良好声誉,并为之后卢作孚以民生公司船运之便利,协助党政机关、工矿企业、高等院校及文化机构等单位迁入北碚打下了基础。

二、孙越崎与中福煤矿迁碚

孙越崎(1893—1995),浙江绍兴人,能源专家,中国现代煤炭工业和石油工业的奠基人之一。1916年,他考入天津北洋大学,主修矿冶。1924年,创办吉林穆棱煤矿,1929年,到美国斯坦福大学矿科研究院学习办矿知识。1932年,应国防设计委员会秘书长翁文灏邀请,到国防设计委员会任矿务员。1934年,应翁文灏委托,去河南焦作担任中福煤矿的总工程师,后任总经理。1937年,全面抗日战争爆发后,孙越崎果断决定将中福煤矿西迁,将煤矿的主要设备、技术人员及焦作工学院的师生及设备迁移到后方。1938年,孙越崎被推选为四川天府矿业股份有限公司总经理,随后,他利用中福煤矿迁川设备,相继开办了嘉阳、威远、石燕3个煤矿,并出任总经理。

中福煤矿系河南中原股份有限公司与英国福公司合办的大型煤矿,1915年创办,原称为福中新公司,1933年改名为"中福两公司联合办事处"(简称"中福煤矿"),由于管理不善,债台高筑,濒临倒闭。应英方要求,国民政府任命翁文灏为中福煤矿整理专员、孙越崎为中福煤矿总工程师进行整理,以两年为期。从1934年冬整理开始,经过孙越崎的努力,迅速取得明显成效,1935年生产和销售煤炭100万吨,实现盈利100万元。1936年生产销售煤炭150万吨,盈利150万元,中福煤矿由此迅速成为全国第三大煤矿公司,在当时仅次于河北开滦和山东中兴煤矿。[1]1937年1月国民政府军事委员会任命翁文灏、孙越崎分别担任中福煤矿董事长和总经理。全面抗战爆发后，孙越崎克服各种困难，从1937年底到1938年初，把中福煤矿的4000多吨设备器材，运到武汉、湘潭，后又辗转运到四川，使其成为抗战时期唯一一家转移到后方的大型煤矿。[2]1938年，内迁的河南中福煤矿与天府煤矿合并组成大后方最大的煤矿——天府矿业股份有限公司，卢作孚任董事长，孙越崎任总经理。[3]抗战胜利后，天府煤矿公司联合嘉阳煤矿公司和全济煤矿公司组成了天府煤矿公司。

比较说来，天府的设备要算后方最好的了，有许多小矿，因为煤层不厚，洞打得很小很低，也无所谓通风排水设备，工人爬进爬出，躺在里面作工，那种苦更不是一般人所能想象得到的，在天府，除了还是人工挖煤外，照明通风排水起煤都用了电和机械。这里有一个电力厂，发电量是350 kVA，供给全矿各处照明，推动各处抽风机抽水机和绞车的电动机，若是生了故障而须修理时，马上开动另外三部125 kVA的来代替。[4]

实际上人们在来到北碚时，就注意到北碚本身藏量丰富

---

[1] 薛毅：《工矿泰斗孙越崎》，中国文史出版社，1997，第55页。
[2] 薛毅：《国民政府资源委员会研究》，社会科学文献出版社，2005，第203-206页。
[3] 《天府煤矿可供开采三十年》，《四川经济月刊》1938年第9卷第6期。
[4] 东海：《重庆活力的源泉——天府煤矿》，《科学时代》1947年第2卷第3期。

的煤矿资源,再加上战争的刺激,北碚实际上已经建立了星罗棋布的工业据点。而这些林立的工厂里,居然还存在着数量上百的女工,"豆大的汗珠从脸流到颈……他们还是毫不在乎的摆弄着",这体现了北碚地区相对开明的社会风貌与国家危机下人人出力的情况,也使得学者们不禁感叹"抗战以来最对得起国家的是这些骆驼般的士兵和农工"[1]。也有人在来到北碚,参观完本地工厂,同时听闻北碚被省府划为工业区后,高呼北碚定将成为"东方利物浦"[2]。有学者专门研究北碚地区的煤矿资源,认为"四川的煤矿以江巴为最著",而"江巴煤矿在合川与重庆间……煤窑甚多",接着该学者讲到江巴煤矿"现由河南福中公司等合作扩充天府煤矿公司,以200万元之资本,对江北白庙子一带之煤矿从事大规模开采",最后,学者不忘再呼吁"自抗战以来,北碚重庆之间已成工业区域,本区煤矿实有增产之必要"[3]。另外,有人撰文介绍江北煤矿与江巴煤田,前者储量居四川之首,由合江公司与北川公司一同开采,由铁道自龙王洞运至嘉陵江边的观音峡,运销迁于北碚的厂矿,故此一带,被该人称为"新中国之工业中心";后者由河南中福公司与天府煤矿公司合作,设备较为现代,因此日产较高,也被该人称为"新中国之煤业中心"[4]。北碚未走规模和集约式的工业化建设之路,而行分散式建设,还无形中成为一种标杆。"川省工业建

---
[1] 董镜桂:《特写陪都》,青年图书社,1944,第109页。
[2] 漆保邦:《北碚之行》,《重庆校刊(半月刊)》1938年第25期。
[3] 蒋君章:《西南经济地理》,商务印书馆,1946,第171-172页。
[4] 蒋冬白:《新四川》,青年书店,1940,第35页。

设促进方法似不宜偏重一区,而宜分散于全省各部,使全省各区域都能达到经济繁荣之目的。此次外省迁川之五六十家工厂,不设于重庆市区附近,而以北碚为中心,即为避免集中之表现。"①

战时内迁到重庆的工业企业多达450家,占西南、西北工业企业数量的三分之一,尤其嘉陵江下游一带为重要工业区域,燃料需求量极大,如果煤炭不能及时供应,就会使工业脱节,直接影响工业的发展。天府煤矿为电力、运输、纺织工业部门提供了其所需要燃料的半数以上,如民生公司、重庆电力公司,裕华、豫丰等纱厂这些用户每月用煤量在数千吨以上。②正是丰富的煤炭燃料供应使得这些工业企业发展突飞猛进。北碚煤炭的开采对重庆的经济建设做出了重要的贡献。

三、刘国钧与大成纺织染公司迁碚

刘国钧是近代中国纺织业巨子,1887年出生在江苏靖江,自幼家境贫寒,备尝艰辛,他秉承着实业救国的宏愿白手起家。1915年,刘国钧与蒋盘发、陆友仁等人集资9万元银洋,创办常州大纶织布股份有限公司,蒋盘发任经理,刘国钧任协理,总管全厂工作。1930年,刘国钧以50万元接盘大纶久记纱厂,将其命名为"大成纺织染公司",吴镜渊任董

---

① 李华飞:《战时经济问题研究》,战路文化社,1938,第297页。
② 程宗阳:《四年来之天府煤矿》,《驿运月刊》1942年复刊号。

事长,刘国钧任经理,负责工厂的生产,刘靖基任协理,分管产品销售。该厂发展迅速,其产量和规模很快在业界独占鳌头,到1937年时,大成纺织染公司已经有4个厂、8万枚纱锭,注册资本从50万元增加到400万元。经济学家马寅初称赞大成纺织染公司在民族工商业

抗战时期的刘国钧

中,实在是一个罕见的奇迹。1937年"八·一三"事变后,无锡常州等地的一些工厂也积极进行内迁事宜。1937年9月1日,受卢作孚委派,许培泽、萧本仁赴镇江开办民生公司镇江临时办事处。与此同时,黄炎培也写信给卢作孚,希望卢刘二人协力在四川办纺织厂,卢作孚将此事告知萧本仁。随后,萧本仁与刘国钧取得联系,向他介绍了三峡染织厂的情况。得到萧本仁的报告后,卢作孚委托三峡染织厂副厂长谢止冰前去常州商议。双方谈妥之后,大成纺织染公司利用民生公司运输上的便利,把一部分机器、物料及纱布成品,驳运至镇江,再由民生公司轮船运至武汉暂时安置在大成纺织染公司四厂(所在地为武汉)。1937年底,侵华日军侵入常州,大成纺织染公司的一、二、三厂均因日机轰炸而遭受重大损失。守厂的大成员工运出了最新的瑞士造的锭子5000枚及一部分存货,是为第二批内迁物资。11月29日常州沦陷了,船只去往镇江的途中,又被敌机轰炸三次,机器船沉了数艘,到汉口只有零落的货船与三千锭配件不全的纱锭了,其他的都在迁厂的过程中丢失了。内迁危险重重,据刘

国钧回忆,由汉口运至重庆路途中,路上船翻身,机器翻在江里,捞了出来,待船修好了再走,这批机器在途中滞留了足足半年。

1938年1月19日,刘国钧在民生公司召开发起人会议,讨论大成纺织染公司与民生公司三峡染织厂合并事宜,会议议决厂名、股本数额,并成立筹备处。双方合并后计划淘汰手工布机,一律使用电力织布,但三峡染织公司染色设备缺乏,大成纺织染公司内迁设备中也无染色设备,恰在这时,汉口的隆昌染织厂也正在内迁。隆昌染织厂,始创于上海,战前即迁至汉口。该厂以其独具的经营特色,立足于武汉三镇。它拥有一整套机器染色设备,为武汉和附近城市的织布厂加工漂染各种色布,工厂效益逐年上升。全面抗日战争爆发后,隆昌染织厂厂长倪麒时立即将全套染织机器设备拆卸装箱,不顾日机轰炸,交民生轮船公司抢运至重庆。

1938年6月10日,民生公司三峡染织厂、大成纺织染公司及隆昌染织厂三方在重庆的陕西街糖业改进会召开大明纺织染公司成立大会。卢作孚、马冠雄、徐吟甫、宋师度、查济民、郑壁成、王莱山等30余人参加了会议,大会当场选出董事长卢作孚,常务董事彭瑞成、马润生,董事倪麒时、刘国钧、刘汉塑、郑东琴,监察张昌培、徐吟甫等。并由董事会聘请刘国钧为总经理,王莱山为协理。

据重庆市档案馆藏"大明纺织染公司概况"(1945年5月)档案记述,大明纺织染公司成立于1939年,设厂址于北碚民生公司三峡布厂原址,系民生公司利用三峡布厂之不动资产,联合前常州大成纱厂及汉口隆昌染厂之资本所创。这里所记述的大明织染公司即大明纺织染公司,三峡布厂就是民生公司三峡染织厂。

全面抗日战争爆发前,大成公司的"大成蓝"蓝布,虽属于中低端布匹,但是质量较好,在四川地区已有较高的知名度。不过,该布亦有一定缺点,即在气候潮湿的重庆等地容易起皱,有鉴于此,新成立的大明纺织染公司就在染料中加入适量牛胶,制成"大明蓝"蓝布,此种新布蓝色适中,且可多次下水洗涤,基本不褪色。"大明蓝"蓝布成为大明纺织染公司的主要产品,约占总产量的70%。

大明纺织染厂

四、北碚工业区的搁浅

在沿海工厂西迁的时代背景下,来渝的厂矿企业,继续沿着嘉陵江溯流而上,最终迁移至北碚也成了国民政府工矿调整处(此时直接负责办理厂矿迁移事项)的一大考虑,其中最重要的原因可能是"北碚城市发展与重庆城市发展的差异很大"[①]。换言之,北碚一则城市发展规模尚且较小,有利于外厂迁入,二则本地的市政规划周全,整个城市的基础设施同地区发展基本适应。

1938年初,国民政府经济部发布的《西南西北工业建设计划》就明确指出"过去我国对工业政策向取不干涉主义",导致工矿企业"猬集于少数通都大邑",现在就要在川滇两省建立新工业区[②]。1938年2月18日林继庸(工矿调整处业务组长,直接领导和负责民营工厂的内迁)致电卢作孚,表示"今南轩兄已在蓉面答,愿放弃原有主张,且已在北碚温泉峡三花石地方妥觅复旦大学永久校址。此事似可作一结束"。而话中"此事"即意指同往北碚觅地的复旦校长吴南轩,愿意将校址迁往北碚三花石,而让出东阳下坝,以作大量迁碚工厂的地基。范英士(四川省建设厅驻渝办事处主任)也在同日致电卢作孚,表示"据云北碚东阳镇上下坝地方决建为工业区域,拟以二十工厂移设该处……各厂不能不事集中,实无余地再分作复大校址。倾复晤郑璧成兄,则谓复大校址已另觅定温泉上流三花石地方,想更无问题矣"。[③]这表明北碚工业区的落地日益接近。

---

① 隗瀛涛:《近代重庆城市史》,四川大学出版社,1991,第470页。
② 重庆市档案馆、重庆师范大学:《中国战时首都档案文献 战时工业》,重庆出版社,2014,第5页。
③ 黄立人主编《作孚书信集》,四川人民出版社,2003,第634-635页。

北碚东阳镇旧街道

1938年3月24日，汪泰经（经济部昆明厂筹备副主任）、范英士（四川省建设厅驻渝办事处主任）、夏国斌（江北县县长）等乘车同往北碚，察看北碚上、下坝，预备建厂地基一事。24日午后，在峡区区长唐瑞五（副区长卢子英时在蓉）、主任黄子裘、蚕桑制种场王君的陪同下调研下坝，次日晨一并前往上坝考察。调查发现，年前上坝的土地已由四川省建设厅购进，为省立蚕桑制种场使用，而制种场得到省政府训令，随时可以迁移，拨归建筑工厂，下坝土地面积不如上坝多，并且其中有数块已经被本地单位购得，比如嘉陵丝厂及江北县农场。于是25日下午，范英士、夏国斌、汪泰经和唐瑞五召集下坝业主十余户，到区公所谈话，对省政府决定收买该地拨归建筑工业区的方案进行解释。约谈过程中，北碚业主们明晓民族大义,体谅时局艰辛,表示只要能求得一定折价,卖地义无反顾。

在进一步的筹设中,峡区区长唐瑞五出面先将该地面积绘出,并将各业主所持有地亩数目及生产量进行标注,再与之谈判,确定地价,在与业主们定约后,先付半数,而后补齐尾款。经过调研计算,下坝全部价值约为6万元,第一步的定金应该首先准备4万元,而关于这4万元,范英士认为应由四川省建设厅拨发5000元,其余由内迁各厂筹备,每家出3000元即可,但似乎是认识到内迁业主们捉襟见肘的境地,范英士在3月28日又致函林继庸,表示如果各厂家不能凑足4万,尚需工矿调整处垫付。3月30日,四川省建设厅厅长何北衡也致电林继庸"如各厂一时不能付出,拟请工矿调整处代垫,并盼早日将款拨交敝厅渝办事处办理,并希见复"[①]。工矿调整处据下坝总地亩与地价总值估计推算,仔细核实和确认地价后,电复建设厅由调整处先行从厂矿迁移监督委员会的厂基购地补助费中拨垫4万元,直接汇给四川省建设厅。

但最终结果却并不如意。此前勘察上坝土地本为蚕桑制种场使用,此时却闻仍有部分上坝土地已被嘉陵纱厂购入,并且为该厂预定厂址,而省府虽命令制种场迁移,但因地面所种桑苗,蚕桑制种场也须等收采后方可转移,而下坝由范英士办理收买购地的活动仍在进行中。另有本地人士

---

① 中国第二历史档案馆:《抗战期间筹设北碚工业区相关史料一组》,《民国档案》2016年第1期。

对工业区也取阻止态度以及部分内迁工厂自身对迁碚有排斥。比如江北县本地教育人士江曜三就于1938年4月7日上呈实验区署,极力反对在下坝购地建厂,原因是厂址划入了其祖坟地,江曜三言"敝族人数本众",在此世代耕居,按时纳粮缴税,若"毁坟弃首",则是莫大耻辱,且此坟所涉"子孙不少名人,县志可考,历时已数万年","孰无父母,孰无祖茔,一旦见毁于人身,非禽兽谁能安之",如果区署强制建厂,那么将是"以不孝教人"。面对江氏的责问,唐瑞五、卢子英无奈,只得回复"东阳镇下坝购地建厂,乃宜系中央迁厂委员会主持办理,敝署不过奉令协助,此之一而已"。可见即使地主愿意卖地,北碚的本地人士也绝非铁板一块,并不完全支持工业区落地。尚在武汉的上海民营内迁工厂,实际有部分拒绝迁往北碚等地,因为他们不相信政府能在这么短时间内筹划出成熟的工业区,担心"贸然将工厂迁入崇山峻岭,就可能陷入叫天不应、叫地不灵的地步"[1]。

当然,北碚工业区的最终落空并非毫无意义,其筹设时动员的人力物力,包括实地调查,都加强了对北碚的多方了解,对工业区形成的思考与探讨,也使得内迁工厂的安置在更广泛的区域完成。北碚虽然没有建立一个集成化的工业区,但却依然是不少迁渝厂企的临时或永久厂址迁入地。在北碚工业区筹设的过程中,西迁工厂"择定之临时或永久厂址所在地",实际上已"截至现在略可分为四区:一为重庆城

---

[1]《关于提示东阳镇下坝购地建厂事宜属中央迁建厂委员会主持办理的函》(1938年4月7日),重庆市档案馆藏,档案号:00810003004330000026001。

内及附近,一为江北,一为自流井,一为北碚"。[1]而北碚及对岸东阳镇的上、下坝即便最终没有成功建立工业区,但土地绝非闲置了事,比如下坝即用作了复旦大学校址(下坝后改称夏坝)。总之,对内迁工厂或是机构的接纳始终体现了北碚本地民众的爱国抗日热情和牺牲小我利益、顾全家国延续的高尚品质,这一切都彰显了北碚独特的抗战作用。同时,尽管工业区未能成功建立,但这恰为北碚成为大后方的科技明珠提供了广阔的发展空间,众多科教文卫机构本身更乐意处在一个环境优美、水土宜人、整洁静雅的地区里,北碚几乎完美地吻合了这一条件,于是大量的文化机构迁碚,逐渐造就了北碚大后方科技"诺亚方舟"的地位。

---

[1] 中国第二历史档案馆:《工矿调整处重庆办事处办理迁川工厂有关事宜报告》,《民国档案》2016年第1期。

第三章 后方的前方

从地理位置上看,北碚与重庆仅40公里的距离,这无疑使北碚成为一个相对安全的区域,似乎北碚远离战争的第一线,或者是侵华日军轰炸的目标地,但是,作为战时首都的重要迁建区,北碚在承接各种机构及人员迁入的同时,也以多种形式直接参与对敌战争。从1931年峡防局成立东北问题研究会开始,在14年的抗日战争中,北碚始终响应抗日救亡的号召,处于抗日战争的第一线。全面抗日战争爆发,北碚的地位愈发重要,并且用大量的实际行动践行全民抗战誓言。1937年10月,嘉陵江三峡乡村建设实验区署召集各事业机关团体等,共同组织成立抗敌动员训练委员会;1939年,卢子英专门邀请陶行知在《嘉陵江日报》上发表他所作的兵役研究相关成果,在北碚地区筹划志愿兵运动;同年,北碚开展国民精神总动员运动;1940年,侵华日军对北碚进行了四次轰炸,北碚人民也进行了四次反轰炸运动;同年11月,国民政府在北碚举行隆重的张自忠将军烈士遗体安葬典礼;1942年,中国滑翔总会在北碚建立中国第一个滑翔机场。

一、周恩来、邓颖超指导北碚统战工作

全面抗日战争时期,一大批在全国范围内具有影响力的人士聚集在了北碚,使北碚有了"三千名流汇北碚"之称。为了维护抗日民族统一战线,也为了集结所有力量支持抗战救亡运动,北碚地下党组织在周恩来和中共中央南方局的领导下对卢作孚、卢子英、陶行知、周谷城、梁漱溟、晏阳初、洪深等人进行统战工作,借此来壮大抗日力量,推动北碚抗战事业的发展。

1939年1月,中共中央南方局在重庆正式成立,是领导南方国统区党的组织建设和开展党的工作的最高机构。北碚作为战时首都的重要迁建区,其统战工作也得到了中共中央南方局的高度重视。如时任中共中央南方局书记的周恩来就对北碚的统战工作有过许多指示。他经常通过书信指导北碚抗日民族统一战线的抗战活动的开展。时任中共北碚实验区特支书记的罗中典曾向《新华日报》编辑部询问有关时局的事情,周恩来就亲自回信并指出,西安事变后,蒋

介石停止了内战,国共合作形成了,全国的中心任务就是动员一切力量争取抗战的胜利,要在抗日民族统一战线的政策下,在国内要向人民宣传抗日的主张,动员各方面人士参加抗战,开展抗日救亡运动。

在周恩来和中共中央南方局的领导下,中共北碚党组织也先后派刘披云、汪伦、李亚群等人到北碚做卢子英的统战工作,介绍了全国抗日的形势和抗日民族统一战线政策,取得了很好的成效,卢作孚和卢子英还任命汪伦担任《北碚月刊》主任和《嘉陵江日报》总编辑、李亚群为《北碚月刊》副主任和《嘉陵江日报》副刊编辑,使北碚地区的报刊成为中国共产党宣传工作的主要阵地,发挥舆论引导的积极作用。以上这些工作的开展为中国共产党在北碚扎根、隐蔽重要干部、打击国民党特务发挥了重要作用。

在宣传动员方面,为激发抗战精神,鼓舞民众的精神,动员民众支持抗战,发展抗战力量,在周恩来和中共中央南方局的领导下,一大批党员和进步人士也开始在北碚开展形式多样的抗战宣传活动。《嘉陵江日报》《北碚月刊》以宣传抗战情况、鼓舞民众抗战精神为主要任务,中共中央南方局机关报《新华日报》刊登数篇有关北碚地方开展的抗战活动的文章。

周恩来、邓颖超亲自到北碚指导统战和宣传工作的开展。1940年9月22日,周恩来、邓颖超在《新华日报》记者张晓梅的陪同下,专程从重庆驱车到北碚,探望正在生病的陶行知。周恩来在了解情况后,分析了当时形势并指出:一方面育才师生要提高警惕,采取措施,有备无患;另一方面教育师生,在极端困难的时候要坚持教学工作,树立最后胜利的信心。周恩来还建议育才学校秘密准备一条大木船,一旦形势有变,师生可乘船溯嘉陵江北上广元,再由八路军办事处帮助转入解放区。[1]在看望陶行知之外,周恩来还会见了复旦大学的陈望道教授和许多文化界以及科教界的知名人士。

为了缓解育才学校的燃眉之急,9月26日,周恩来、邓颖超返回重庆后,立即从自己并不宽裕的生活费中给陶行知寄去四百元钱。"周恩来、邓颖超二先生参观育才之后,觉得小孩们健康有欠,特捐助四百元为小孩们购买运动器具之用,这是指定捐款,请开具正式收据交下,以便送去致谢。"[2]可以说,周恩来、邓颖超的北碚之行,极大地鼓舞了育才师生和北碚地区进步人士的抗战热情,增强了抗日必胜的信心。

二、卢子英与北碚抗敌总动员训练

"卢沟桥事变"爆发之后,对北碚有着重要影响的卢作孚首先认识到了在全面抗日战争爆发的背景下动员民众的重要性。因此,他放弃去欧洲考察,接受了国民政府的邀请,参与草拟抗日战争总动员计划。他到南京后,便致电民生公司全体职工,提出民生公司应该首先动员起来,参加战争。

---

[1] 林之晨:《周恩来艰难岁月的北碚之行》,《红岩春秋》2018年第11期。
[2] 顾明远、边守正主编《陶行知选集》第3卷,教育科学出版社,2011,第560页。

受到卢作孚影响的卢子英,作为当时北碚地方政府的实际领导人,即嘉陵江三峡乡村建设实验区的区长,也迅速在北碚开展了诸多抗战动员活动。1937年的抗敌总动员训练是北碚早期开展抗战动员活动的代表之一。

在民族危亡之际,嘉陵江三峡乡村建设实验区署明白"现时的战争,非单纯的军事所能奏效,必须动员全国各种力量,始能获得最后的胜利,故后方民众的组织和训练,为当前之切要工作"[1]。在抗战动员方面,卢作孚也希望实验区以后积极加紧对公民的训练,所以在全面抗日战争爆发的生死关头,对民众进行组织和训练,成为当前政府重要工作之一,尤其是灌输战事知识,激发抗战情绪,可谓刻不容缓。

为此,1937年10月,嘉陵江三峡乡村建设实验区署召集各事业机关团体等,共同组织成立抗敌动员训练委员会。[2] 在筹备阶段,由抗敌动员委员会的工作人员对训练开展所需的教材进行编印,对动员训练的宗旨、任务、组织以及工作的日程安排都做了相应说明。在各项工作均已筹备妥当后,还专门派人到当地考察训练过程中发生的种种行为,将考察的结果进行研究,将结果提交委员会商讨。[3] 通过这一系列的准备,于同年11月19日召开全体委员大会,商讨各项重要施行细则,决定工作人员。嘉陵江三峡乡村建设实验区署印发布告规定:"本区男女民众参加总动员训练,应一律出席,

---

[1] 《嘉陵江三峡实验区之抗战动员训练》,《北碚月刊》1937年第2卷1-6期。
[2] 《嘉陵江三峡实验区之抗战动员训练》,《北碚月刊》1937年第2卷1-6期。
[3] 《本区抗敌总动员训练,今派员预行实验研究方法》,《嘉陵江日报》1937年11月11日第3版。

倘若不到,定受处罚。"[1]还专门训令各联保人员按时参加总动员训练。其参加办法如下:

三峡实验区训练总动员办法

1. 应行参加人员如下:(1)每保限定保长一人,小队附二人(以今后能永久在职工作者为宜),上列人员,由联队附助理员共同领队,届时到碚候训。(2)各镇乡联保主任、书记、户籍员及队附概须参加,服装具自备。

2. 保长、小队附须一律着军服、军肩、裹腿、草鞋并携带武器。至年老之保长可着短服,特别编班,不带武器。

3. 所带武器,以土造汉阳式步枪为限(须有机枪皮带),每枪配子弹五夹,用交布子弹袋(便于斜背于左肩者)。

4. 联保主任、书记、户籍员可着短服,联队附着军服,一律不带枪。

这次抗敌动员训练的动员范围较为广泛,有嘉陵江三峡乡村建设实验区署的职员、兼善中学的师生,以及区立各小学教师,共计435人,并组成"挺进队",分为11个支队,下编77个分队。同年11月下旬,深入农村乡保进行为时4天的训练。旨在向群众宣传抗日战争的意义、性质、前途,使民众明白日本帝国主义侵略中国的横暴实情,认识空前的民族危机,激发民众的爱国热忱和抗敌情绪。[2]

---

[1] 重庆市北碚区地方志编撰委员会:《重庆市北碚区志》,科学技术文献出版社重庆分社,1989,第164页。
[2] 重庆市北碚区地方志编撰委员会:《重庆市北碚区志》,科学技术文献出版社重庆分社,1989,第164页。

11月23日上午,嘉陵江三峡乡村建设实验区署在兼善中学大礼堂宣读动员令,并在公共体育场举行动员集合,北碚的男女健儿,个个身着戎装,背着衣被,行列整齐严肃,在嘉陵江三峡乡村建设实验区署的统一指挥下,向着各小组的目的地开拔。各动员小组到达指定目的地以后,随即召开了保甲长会议,商定宿食事项,决定训练地点,编配受训班次,以一保十甲为训练单位,十甲平分为两组,每组各分两班,由小组分担工作,保甲长负号召责任,凡年在十二岁以上,四十岁以下,无分男女,均须参加受训,集合以鸣锣为号,届时不得迟延有误,每次教课时间,规定三小时。因乡农多有固定工作,不能整天听讲,是以每一组中之两班,分上下午授课,以免停滞日常工作,组织妥善后,于第二日开始实行施教。[1]

全面抗日战争爆发以后,国人深知救亡运动的重要性,而救亡运动,最迫切的工作,莫过于宣传,所以嘉陵江三峡乡村建设实验区署在这次抗敌动员训练中,尤其重视宣传,他们不但要在少数城市的民众之中宣传,更要将这种宣传运动的波浪,普及到数千万的农村民众当中去,使他们每个人的脑海深处,都种下一颗"救国"的种子,每个人的心坎中,发出一种"救亡"的热忱。为使宣传达到效果,抗敌动员委员会还专门对宣传的内容、方式、步骤、技巧做了相关规定,最终经过4天的宣传教育,"闻民众对区署此次派员下乡训

---

[1] 《嘉陵江三峡实验区之抗战动员训练》,《北碚月刊》1937年第2卷1—6期。

练,印象极佳,所获效果,亦甚优良"[1]。受训群众初步明白了日本帝国主义侵略中国的狼子野心,日军的残暴实况,抗日战争的意义、形势和前途,激发了他们的爱国热忱和抗日信念;他们已大体理解到民族危机的深重,必须全国同胞,万众一心,努力奋发,加紧生产,建设后方,支援前线,这是义不容辞的神圣责任;同时也学得了一些防空防毒的简易知识。

在战时总动员体制下,一切人力、物力,甚至精神力,皆成为战争所需动员的战略物资。所以,在全面抗日战争爆发后,为使全部国力都用到战争上面,嘉陵江三峡乡村建设实验区署也开始了抗战动员的第一次尝试,即此次组织的抗敌总动员训练。但是毕竟只有为期4天的训练,很多宣传和动员还很不到位。1937年1月1日,时任第三区行政督察专员的沈鹏来北碚视察工作时,对嘉陵江三峡乡村建设实验区署各个机关的主管人员报告说:"以现在各县抽调壮丁来说,已感觉非常的困难,其第一个原因是民众对国家观念太薄弱,不愿慨应征募,第二是民众组织训练不够,所以今后的四川,无论工农商学军各界民众,在这国难期间,担负了更大的重任,要大家一致出动,拿出尽有的力量去组织民众训练民众,例如民生公司在北碚的船员训练,其对国家……更是有很大的帮助,假使有那经过整顿的有训练的民众,我相信决能负起独力救国的责任来,就动员五百万壮丁,也会恢复从前失地,而且可以打倒日本帝国主义。所以今后能否得

---

[1]《本区抗敌动员训练工作人员昨纷返碚,民众印象极佳所获效果优良》,《嘉陵江日报》1937年11月29日第3版。

到胜利,就在大家能够坚(持)耐劳地埋头苦干。"[1]所以为巩固和发展1937年抗敌总动员训练成果,嘉陵江三峡乡村建设实验区署又按行政组织和行业组织,分期分批实施社会军训,举办了保干人员训练班,四川省训团派来茆正修任教育长,在澄江镇大石坝,集训了一个月。

三、陶行知与北碚志愿兵运动

1939年春,陶行知在国外宣传抗日救国后回国。到重庆后随即应卢作孚、卢子英之邀约到北碚办学。时任嘉陵江三峡乡村建设实验区区长的卢子英对陶行知先生十分尊重和感激,他在回忆录中尊称陶行知是他的"恩师"。同年,北碚兵役配赋额下达后,陶行知向卢子英建议开展志愿兵运动,并在征兵工作中给予具体帮助。嘉陵江三峡乡村建设实验区署采纳陶行知的意见,一改过去强行配额拉兵的办法,向全民众布告了《告本区青年同胞书》,发起志愿当兵运动,开展群众性的抗日宣传教育和为优抚工作募捐运动。直到抗战结束,嘉陵江三峡乡村建设实验区署对前方兵源的补充,没有强拉一兵一卒,都是志愿从军到前方抗击日寇。

在志愿兵运动的宣传工作中,嘉陵江三峡乡村建设实验区署把每乡镇编为一个大队,每警卫区分派一中队,每保去一分队,组成宣传队,每个宣传队由各校师生组成,大、中队由嘉陵江三峡乡村建设实验区署中、高级职员率领。各队

---

[1]《抗战中应有之新认识与新负担》,《嘉陵江日报》1938年4月10日第2版。

利用赶场天到乡镇向群众宣传。国立二中师范部师生到文星街宣传,他们由战区逃亡而来。在宣传时,他们向乡亲们悲愤控诉亲身感受到的日本侵略者的种种残暴凶恶罪行,号召大家踊跃从军,保家卫国。当场就有人相互鼓励,签名参军。1939年5月3日,北碚29家社会团体,共同组织了一场盛大酒会,为即将奔赴战场的267名热情青年壮行。[1]

志愿兵运动是北碚地区民众参与抗战的最直接表现。当整个四川地区到处都处于"估拉壮丁"的恐慌之下,北碚却出现了"好男要当兵"的志愿风潮。长期以来"我们……有个错误思想,'好儿不当兵'……但是北碚这地方,先声打破了这不良的思想,以实际的行为改正了过来……给抗战以很大的帮助"[2]。就连当时到北碚公干的外籍友人文幼章也感叹:"今天北碚志愿军的情形,即是抗战胜利的预兆。"[3]志愿兵运动,让"拉壮丁"肆虐的大后方出现了一群"义风可嘉"的忠勇将士。

北碚民众向志愿兵献花

---

[1] 王洪:《陶行知与北碚抗日志愿兵运动》,《红岩春秋》2007年第4期。
[2] 《在全区热烈欢迎志愿军慰劳征人家属大会上的致辞》,《嘉陵江日报》1939年8月8日第2版。
[3] 项锦熙:《民国时期嘉陵江三峡地区演讲集》,人民日报出版社,2017,第226页。

嘉陵江三峡乡村建设实验区署兵役协会为更好地动员壮丁应征,特将三期志愿兵中各种可歌可泣的事迹记载下来:

(一)志愿军首人——王德福

1939年4月,文星镇开会讨论兵役问题时,有位青年向大家报告了日本帝国主义者是怎样的狠毒,"想灭我人种,亡我国家,发动了极残忍的侵略战争,我们要生存,我们要抵抗,我们要自愿当兵,才能挽救当前的危难"。这一番话说得大家蠢蠢欲动,这时他们便公推一位姓杨的甲长出来,但是这位甲长总是犹豫不决,反而是在外旁听的中士,挺身而出,慷慨激昂地说道:"杨甲长只要你去当兵,我这十余元钱一月的中士,也不当了,赔(陪)你去当志愿兵。"话一说完,他便当众签了字,表示他当兵的决心。[1]第二天便有四位公安队的人员出来响应,不几天就树立了志愿从军的旗帜,设立了志愿军的报名处,两周之内,报名登记的人竟达600余人,成就了嘉陵江三峡乡村建设实验区署兵役成绩最光荣的一页,这位中士就是嘉陵江三峡乡村建设实验区署志愿兵运动的领路人——王德福。

王德福,合川人,时年32岁,初中一年级肄业,未入志愿军时为嘉陵江三峡乡村建设实验区署公安队中士,他在公安队中看到"保甲制度之腐化,且目睹××镇驻军之强拉民夫","王君因立志:第一,力求合理负担,免得出钱出力都是苦

---

[1] 舒杰:《二十八年度的峡区兵役》,《北碚月刊》1940年第3卷第3期。

人,老百姓受压迫,第二,纠合青年同志共起杀敌否,则中国前途可虑,第三,民众要组织,以迎合二期抗战之需要"[1]。正是早年的所感所观,让王德福体会到只有志愿从军才能消减此前保甲长之营私舞弊,使得上前线的壮丁能真正为抗战而努力。所以王德福才会挺身而出,签下志愿从军的"投名状",而王德福和公安队的人也在无形中推动了志愿军的正式产生,他们的行为成为抗战时期大后方兵役史上极为光辉的一页。

(二)弃官从军——梁仑

梁仑是青年抗敌出征团的主任委员。未入志愿出征团之前,任嘉陵江三峡乡村建设实验区署公安队长和北碚联保办公处主任,每月有52元的薪水。1939年春,北碚第一次抽丁,首先做兵役宣传,但群众多观望,梁仑便对群众讲,必要的时候,他必定军从(从军)去,因为他觉得他应以身作则,并且保甲和联保主任若能从军,则一切营私舞弊可以减少些。另外,他也见到过保甲长在乡场征壮丁时逼死过人的不合理的惨痛事实。[2]所以,在当志愿从军运动发起之时,嘉陵江三峡乡村建设实验区内青年们主动参军的行为很使他感动,因此,他毅然决然地加入了志愿军,获得了"弃官从军"的美誉。

他加入志愿兵后,鉴于之前所担任的职务和其对兵役事务的熟悉程度,实验区署委派他任青年抗敌出征团的主任委

---

[1] 《志愿军故事》,《北碚月刊》1939年第3卷第1期。
[2] 《志愿军故事》,《北碚月刊》1939年第3卷第1期。

员,实际上他成为志愿军的指导人。梁仑随志愿军入营后,既是一名志愿从军的将士,也是实验区署委派到营中的重要干部,成为志愿军与实验区署之间的桥梁。他经常鼓励营中壮丁,宣传实验区署的优待政策,鼓励他们安心在营中发展,也会向实验区署反映志愿兵们在营中的生活,报告优待情形和志愿兵编训的状况。他还专门致函卢子英,报告志愿军在营缺少药物且治疗困难,以及优待金取用手续烦琐等痛苦事。他反映给峡区的问题,也受到了实验区署的重视,实验区署更加注重改善在营壮丁的生活了。此外,梁仑还撰写了《从军日记》,将志愿兵的生活琐碎记录下来,并且发表在《嘉陵江日报》和《北碚月刊》上,作为对民众进行动员宣传的材料,现如今也成为研究志愿军在营生活的重要资料。几期《从军日记》的连载,使峡区民众了解了壮丁实际在营生活,不仅驱散了他们对军营的恐惧,也让他们感受到峡区青年们为抗战早日胜利而努力训练的精神力量,激发了区内民众努力生产的动力。

(三)兄弟二人同入营——卿先聘、卿节文

卿氏兄弟系合川三堰坝人,家中共有兄弟四人,除他们两人已来投军外,长兄在山西第四十六军里,另外一兄在合川女中服务。在加入志愿兵之时,卿节文19岁,为嘉陵江煤球厂办事员,每月薪水14元。弟弟卿先聘17岁,本为兼善中学学生,是年失学回乡,回乡后他见到一些可怕的事实:第一,许多能生产的壮丁,都被拉走了,因而合川出现不少荒地。第二，他家里的一个佃户，第一回保长拉他，这佃户给保长2元钱，算是缓役了，第二次保长又拉他，他又给保长2元钱，这样重复了10次，结果共花了20元钱，这佃户竟被这保长派作甲长，他便照保长的方法拉旁人，旁人也照他这样暗中给他钱。第三，被抽到的人，往往不去当兵却雇一个人替他去，这样便造了兵贩子，这兵贩子，入伍之后逃回来再替别人去，不可忽略的是兵贩子与保甲长有着密切的联络。第四，有钱的人家就是有三个儿子，也可以一个也不去当兵。第五，抽壮丁不用抽而用拉的方法，路遇商人，田里农人，甚至于有职务的公务员与出差的士兵，都往往被他们将符号撕下拉去当兵，过去每一个小镇上，赶场的差不多全是女人，最近已经好些了。[1]卿先聘见了这些事实后，认识到非志愿从军不足以救国，非以身作则，不能有广大的效果。而他平日也经常与哥哥卿节文讨论时事，他平日的言论，很使节文感动。哥哥有一句话，总挂在他的心上，就是："虽一枪一弹，必抗战到底！"[2]所以兄弟二人听闻嘉陵江三峡乡村建设实验区署发起志愿从军运动之时，就一起加入了志愿军的行列。

(四)模范保长——冯时齐

冯时齐不同于以上几位，他自己并没有参加志愿军，是他的儿子参加了志愿军，他本人虽为保长，但是没有徇私舞弊，还送自己的儿子入了营。冯时齐是峡区十九保保长，他

---

[1] 《志愿军故事》，《北碚月刊》1939年第3卷第1期。
[2] 《志愿军故事》，《北碚月刊》1939年第3卷第1期。

有两个儿子,长子瑞海务农,次子为瑞全。冯时齐时常督促其子,努力上进,为国效劳。当北碚志愿兵运动开始后,兄弟二人都报了名,他们回家后还在家里的石凳上争相着要去,瑞海说:"你年纪还少(小),只有十七岁,还未到服兵役年龄,我比你大,年青力壮,该我去!"瑞全接着说:"我十七岁也不算小,何况你有妻子,还要种庄稼,我在家里无事,正是出力时,这事应该我去!"[1]兄弟相争的结果,还是瑞全参加了志愿兵,虽瑞海没能参加志愿兵,但兄弟二人的事迹"兄弟争相报名"却成为峡区永远的佳话。而冯时齐在得知自己的儿子参军的消息后,慷慨地说:"抗战已进到二期,前线极需要补充,以便积极反攻,现在我们本区还远未抽丁,我们应该把有用的青年人,弄到前线去反攻,志愿兵发起前,我即有送子之念,好以身作则,使本保的青年人,自动的加入志愿兵。"[2]冯时齐全家的爱国热忱和他本人于其子的教育,实为全区乃至全国士绅的榜样,所以嘉陵江三峡乡村建设实验区署为表彰其精神,特予其"模范保长"的称号。

志愿兵运动是北碚全民抗战的典型事例之一。除以上四例之外,三期志愿军中可歌可泣的事迹还有很多,比如:作现场报告的东北抗联家属赵老太;"抛妻别子"的志愿军代表万鹏博;志愿女兵张辉;道人徐光明削发从军;厨师杨邵云弃业入伍等。一系列感人事迹,促成了嘉陵江三峡乡村

---

[1] 《志愿军故事》,《北碚月刊》1939年第3卷第1期。
[2] 《志愿军故事》,《北碚月刊》1939年第3卷第1期。

建设实验区全区从军热潮。[1]就连曾经逃避兵役的丁楷成、陈海荣、袁峰山"现在都挂着红的胸章,摩拳擦掌的,要和日本鬼子拼命去了"[2]。

四、复旦大学的学生运动

> 伟大的抗战时代,不要使他空空过去。青年们,要努力学习,学习,再学习![3]

学生作为全民抗战动员的一个重要群体,一直受到中共中央南方局的重视。卢作孚、卢子英两兄弟十分重视教育,在北碚创办了以兼善中学为代表的一些学校,学生基础较好。1937年春,兼善中学的学生,也是重庆救国会成员的黄世元和一些进步学生王道济、唐建中、李亚君等建立了"业余生活社",通过读书会、抗日形势讨论会和文体活动等形式开展抗日救亡运动,还于7月1日出版了铅印刊物《业余生活》月刊,进行抗日宣传。自国民政府迁都重庆,北碚作为迁建区,一批大学、中学以及幼儿教育机构入驻此地。周恩来、邓颖超在1940年9月22日访问育才学校时分别题词:"一代胜似一代""未来是属于孩子们的"。众多青年学生聚集于此,这些学校也成为中共北碚地方党组织开展工作的重

---

[1]《志愿军之发起到今天》,《嘉陵江日报》1939年5月1日第3版。
[2]《志愿军故事》,《北碚月刊》1939年第3卷第1期。
[3] 南方局党史资料征集小组:《南方局党史资料 大事记》,重庆出版社,1986,第39页。

点。依照《关于青年统一战线工作的指示》，"一是长期埋伏，积蓄力量，一是开展统一战线扩大政治影响"为基本任务。[1]根据各所学校学生中的共产党员人数，成立了多个党支部，其中，复旦大学不仅有坚强的中共党组织领导，还对川东一些县区的中共党组织建设起到了重要作用。

1938年2月，复旦大学迁来碚。同年3月，复旦大学进步学生沈大经、拱德明、白汝瑗，进步学生兼助教沈钧（又名姚天斌）先后加入重庆救国会。6月，沈钧由八路军驻重庆通讯联络处周贻介绍入党。沈钧入党后，又相继发展了复旦大学学生郑彦梅、方毓兰、康穆、朱玉麟等入党。7月，北碚复旦大学六名党员由沈钧带领到重庆机房街70号八路军驻重庆通讯联络处，学习马克思主义理论与知识。学习结束后，根据党章规定，成立了以张元松为书记的复旦大学党支部。

复旦大学党支部组织了一系列抗日救亡活动：

（1）"习作会"与"读书会"的创办。1938年，复旦大学党支部成立70余人的"抗战文艺习作会"和反响热烈的"课余读书会"，还恢复了迁渝前在上海很有影响的"复旦大学歌咏队"，组织抗日宣传并开展救亡活动。

（2）成立"据点"核心小组。周恩来还在《一九四二年度工作》书面报告中提出："建立据点，顺其自然为好，据点不能超过5人，多则亦须分开，应建立模范据点，分散据点，平

---

[1] 南方局党史资料征集小组：《南方局党史资料 大事记》，重庆出版社，1986，第124页。

行据点。"[1] 1943年8月,中共中央南方局青年组刘光、杜栖梧根据周恩来的指示,与杨育智、张增淮等7人,在复旦大学建立"据点"核心小组。"据点""以本身学习、职业为主,附带研究时事问题和重要政治文献,作调查研究与通讯工作"[2]。1944年,复旦大学1000余师生集会纪念双十节,"据点"核心小组发动进步教授和学生在纪念会上宣传抗日,要求刷新政治,团结全国民众,实行民主,挽救危局。师生们激昂地喊出"要大胆说话,勇敢地行动"的口号。在中共中央南方局"青年到农村去、到敌后战场去、到解放区去"的号召下,"据点"核心小组于1945年先后动员200多名进步青年奔赴延安及湖北宣化店新四军部队。

(3)创办《中国学生导报》。1944年12月22日,中共中央南方局青年组领导的《中国学生导报》在复旦大学创办。《中国学生导报》由复旦"据点"发起,是为团结进步青年而创办的公开的学生报纸,主要负责人为杜子才、陈以文。《中国学生导报》每期发行量6000份左右,发行范围遍及西南地区大专院校,在团结和组织进步青年和推动学生运动方面发挥着积极作用。1944年考入复旦大学新闻系的王朴,在校期间参加了该报的经营工作,并担任报社财经委员会委员,他接受了中共中央局青年组的领导,很快成为复旦大学学生运动的骨干。1945年,王朴接受中共中央南方局的安排,回到家

---

[1] 南方局党史资料征集小组:《南方局党史资料 大事记》,重庆出版社,1986,第211页。
[2] 南方局党史资料征集小组:《南方局党史资料 大事记》,重庆出版社,1986,第210页。

乡创办了莲华小学、莲华中学,接办了志达中学,并担任校长职务,这些学校成了党在农村中开展革命宣传活动的据点,为党的发展及国家建设培养了一批人才。

　　复旦大学党支部发展壮大时,该学校的进步教授陈望道、周谷城、张志让等人也积极加入抗日民主活动。陈望道是复旦大学新闻系主任,也是复旦大学民主运动的支柱,他鼓励学生自由发言,开展民主活动,尽管受到特务的监视,仍无所畏惧。他亲自募捐创办了一座新闻馆,成为全校进步师生争取民主自由的活动场所,馆内设有图书资料室、编辑室、会议室以及收音广播实习室。收音室经常收听延安广播,凡是有新华社的重要新闻,一经收录下来,立即传遍复旦校园,因而这里又被复旦师生誉为"夏坝的延安"。

　　学生运动以复旦大学为中心,逐渐扩展到国立江苏医学院、国立剧专、乡村建设学院、青木关国立音乐学院、兴隆场政阳法学院、育才学校和国立二中等学校。比如,陶行知创办的育才学校,在政治上拥护中国共产党并关心社会教育和社会实践活动。从草街子全济煤矿运煤到嘉陵江的十余里的路程上,都有育才学校学生办的工人业余学校。在农村的几个乡、10多个保中,也设有农民夜校。这些学习机会在提高工农文化水平的同时,还使其认识到了抗日救亡民主运动的真正内涵,从而付出自己的实际行动。与此同时为中共培养了许多积极分子,打下了日后武装斗争的基础。1938年下半年,北碚的中共党组织在国立二中发展了许多党员,建立了党支部,由吕凤英任支部书记。国立二中的学生大多是流亡内地的外省籍人员的子女,在党组织的领导下,他们开展了多种形式的抗日民主救亡活动,经常深入街道、工厂等地通过演戏、唱歌、办夜校等宣传抗日救亡,陈琏(陈布雷之女)也是其中一分子。[1]

学生运动是抗日民主救亡运动中不可或缺的一部分,一直受到中国共产党的重视。在全面抗日战争爆发时期,学生运动以动员爱国师生投入抗日救亡中去,与日本帝国主义和一切反动势力作斗争为中心思想。中共北碚地方党组织引导学生学习进步书籍,在学校组织学生办学术团体、办壁报、办刊物。在中共的号召下,一批在北碚的学生奔赴抗日前线,奔赴解放区,为抗战取得胜利,为建设新中国做了巨大贡献。当时的北碚被誉为大后方学生运动的三大堡垒之一。

五、节日献金献机运动

全面抗日战争爆发后,全国各界人士和民众积极参与各种形式的动员救亡活动。"有钱出钱,有力出力"成为当时最为流行的口号。北碚作为战时首都的重要迁建区,民众的民族情怀和爱国意识尤为强烈。在全民抗战的大局势下,北碚各界民众也自发地参加各种类型的抗战救亡活动,特别是各界民众自觉地为国捐献钱物,支援前方将士抗战。

---

[1] 唐宦存:《陈琏在北碚》,载中共重庆市北碚区党史工作委员会编《北碚党史资料汇编》第7辑,重庆印制七厂,1986,第97页。

北碚地方政府在元旦、端午、抗战纪念、双十节等重大节日组织了大规模的节日献金活动。1938年7月,为振奋全国抗战士气,调动各界志愿抗战,北碚地方也积极响应"七七献金运动",在经过献金台时,各界民众,莫不踊跃。[1] 1939年,嘉陵江三峡乡村建设实验区署又专门在"七七抗战建国两周年纪念"的时候举行兵役宣传及献金运动。[2] 1940年,嘉陵江三峡乡村建设实验区署举行双十节国庆纪念时,再次发起了献金劳军活动,当即就有蓝绍侣慷慨捐献五百金劳军的义举,随后即出现了各界慷慨捐款的场面,北碚地区的大中小学校、事业单位和机关团体基本都参与其中。从多次捐款献金的情况来看,北碚地区参与捐献的热情非常高昂,集中展现北碚民众的抗战热情。

1941年,四川省捐款献机委员会倡导完成百架献机运动,嘉陵江三峡乡村建设实验区署为在胜利到来之前,建成强大的空军,积极响应此号召,决议献机半架,于7月初召集党政机关,开会准备,积极推行,组织成立嘉陵江三峡乡村建设实验区署献机委员会,最初暂定献捐20万元,以八九两月完成。[3] 筹募工作开始后,"峡区各机关响应献机运动,纷纷捐献一日所得"[4]。同年10月13日,嘉陵江三峡乡村建设

---

[1] 《本区抗战纪念,献金台前各界捐输踊跃》,《嘉陵江日报》1938年7月8日第2版。
[2] 《不当兵就献金》,《嘉陵江日报》1939年7月4日第2版。
[3] 《嘉陵江三峡乡村建设实验区署三十年七月份民政建教概况》,《嘉陵江日报》1941年7月31日第4版。
[4] 《峡区各机关响应献机运动,纷纷捐献一日所得》,《嘉陵江日报》1941年10月13日第2版。

实验区署献机委员会召开会议,商讨推进工作计划,决议由各镇乡分别向当地士绅劝募,并开展游艺募捐,发动餐旅馆、饮食店、理发店等举行一日义卖。①游艺、义卖活动取得较好成绩,最终募齐献金款项,后汇寄至重庆总会统购。

六、三次劝募寒衣运动

在抗战献金运动的同时,嘉陵江三峡乡村建设实验区署还广泛发动群众并组织妇女参与劝募寒衣运动,全面抗日战争期间实验区署一共组织了三次大型的劝募寒衣运动。

1937年冬,为"暖我爱国壮士,而增抗敌之热情",嘉陵江三峡乡村建设实验区署组织了第一次劝募寒衣运动,这次运动由四川省各界抗敌后援会嘉陵江三峡乡村建设实验区分会负责,北碚农村银行配合筹募赶制棉背心所需款项,成立专门的缝纫队,发动社会各界妇女民众进行赶制,连续两昼夜赶制完成棉背心1100件,并转托重庆《新蜀报》报社转送前方。②

1939年双十节,为响应宋美龄的号召,慰劳湘北大捷将士,嘉陵江三峡乡村建设实验区署又发起了第二次劝募寒衣运动,劝募寒衣一万件。此次劝募寒衣运动是嘉陵江三峡乡村建设实验区署在纪念双十节国庆事务联合检阅大会(以下

---

① 《峡区献机委员会,昨日召开首次会议》,《嘉陵江日报》1941年10月14日第2版。
② 《本区抗敌后援会一千一百件 棉背心今日运渝》,《嘉陵江日报》1937年12月8日第3版。

简称"联检会")中进行的,为更好地开展劝募寒衣运动,在双十节前就进行了广泛的宣传,从10月4日至10月9日连续6天在《嘉陵江日报》上刊登《三峡实验区署新运总会三峡直辖分会优待委员会为前方抗敌将士征募寒衣启事》,使广大民众了解发动征募寒衣运动的目的和意义。并且,还在联检会筹备过程中专门成立筹募组,对相关工作做了精细的部署和安排。10月10日当天,在联检会的庆祝活动中,发动献金、义卖、义演、劝募捐、捐献一日所得等各种方式的活动。[1]此次劝募寒衣运动效果显著,获得各界好评,各镇联保都积极组织保民认购募集资金,嘉陵江三峡乡村建设实验区内各事业机关工作人员纷纷捐献一日所得,出现诸如"天府北碚售煤处全体职工捐献一日所得,响应双十节联检会征募寒衣,并具函愿竭力拥护此民众运动"[2]、"北碚工友纷纷响应寒衣捐,泥工义卖并捐一日所得"[3]的事迹。在此次庆祝活动中,更是出现了"最动人的一幕",学生、力夫、船夫都毫不犹豫参与献金了,就连那位骨瘦如柴、白发苍苍的乞丐也颤巍巍地走到献金箱旁边,把他讨得的一元钱,笑眯眯地送进献金箱里去了![4]

1940年冬,嘉陵江三峡乡村建设实验区署再次掀起征募寒衣运动,首先由公余专剧研究社发起,再取得各机关团

---

[1]《三峡乡建实验区廿八年纪念国庆各界事务联合检阅大会特刊》,《北碚月刊》,1939年第3卷第2期。
[2]《首先响应,天府北碚售煤处全体职工捐一日所得,响应双十节征募寒衣》,《嘉陵江日报》1939年10月3日第3版。
[3]《北碚工友纷纷响应寒衣捐》,《嘉陵江日报》1939年10月18日第3版。
[4]《最动人的一幕》,《北碚月刊》1939年第3卷第2期。

体学校赞同,然后成立筹备委员会,此次募集采用评剧公演的形式,于10月19日至21日在民众会场公演。[①]受到峡区各界的欢迎,此次公演售票所得全数转交给该届征募寒衣大会。

七、梅花山下葬忠魂

张自忠,字荩忱,1891年出生于山东临清,父亲张树桂为清代官宦。1908年,张自忠考入临清高等小学堂,自此忠义等传统儒家观念就扎根在了张自忠心中。两年后,张自忠考入天津北洋法政学堂,并加入了中国同盟会,投身于革命。1914年参加车震的军队,在他的推荐下加入冯玉祥的军队之中,并随冯玉祥参加了第二次直奉战争、蒋冯战争、中原大战等战役。1931年,西北军改编为第二十九军,张自忠担任三十八师师长。在长城抗战中,二十九军在喜峰口阻击日军,取得不俗战果,张自忠在其中起了重要作用。但随着长城抗战的失败以及华北事变的发生,华北局势愈加危险,加之日军咄咄逼人,不得不成立冀察政务委员会处理华北事务,而张自忠将军担任察哈尔主席兼天津市市长。在此期间,张自忠将军展示出不俗的政事能力,如快速肃清了察哈尔的匪患。

全面抗日战争爆发后,二十九军奉命调往保定,张自忠

[①]《北碚各界捐募寒衣平剧公演第三日》,《嘉陵江日报》1940年10月23日第2版。

奉命留守天津与日军周旋,并因种种事件被污为"汉奸",遭受了百般攻击。比如1937年9月28日的上海《大公报》社评写道:"段(祺瑞)、吴(佩孚)两先生的风范,给国家保持浩然正气;万不要学寡廉鲜耻的殷汝耕,及自作聪明的张自忠。"[1]1937年11月,张自忠担任五十九军军长,自此他开始用战功,如台儿庄战役中的临沂大捷,武汉会战中的鄂北大捷等来改变时人对自己的误解。

1940年5月1日,枣宜会战打响,此时张自忠将军担任第三十三集团军总司令,隶属于第五战区。根据战略部署,其部队担任阻击任务,为提高军队士气,张自忠将军毅然将指挥工作交于副总司令,自己率亲军渡河督战,但位置最终暴露,张自忠将军被日军三面包围,于5月16日战死沙场。[2]张自忠将军的牺牲令蒋介石极为震惊,他下令将其遗体抢回,把灵柩运至重庆。当运送灵柩的船抵达重庆储奇门码头时,蒋介石率领冯玉祥、何应钦、孔祥熙、宋子文、孙科、于右任、张群等军政大员百余人肃立码头迎灵,并登轮绕棺致哀。1940年11月16日,将张自忠将军下葬于重庆北碚雨台山(后改梅花山)。

1940年,正值中国抗战最艰难的时期,宜昌沦陷,英法一度关闭滇缅公路,为了振奋国民抗战精神,国民政府适时公布了"抗敌殉难忠烈官民祠祀及建立纪念坊碑办法大纲""忠烈祠设立及保管办法",隆重纪念为国尽忠的英烈。张

---

[1] 张季鸾,王芸生:《民国丛书 第1编》,上海书店,1989,第209页。
[2] 高华:《抗战军人之魂——张自忠》,《文史精华》2009年4月第227期。

自忠作为国民党在抗日战争中牺牲的最高将领,生前为国家立下赫赫战功,其宁死不屈、杀身成仁的高风亮节,值得大书特书。在张自忠牺牲之后,一方面国民政府军事委员会追晋其为陆军上将,另一方面国民政府将其生平事迹记录传播给广大人民,还命令国史馆撰写其传记,以此来显示国家对其抗战以来为民族独立所做出的努力的肯定。

在得知张自忠牺牲的消息之后,中共中央南方局机关报《新华日报》刊登了冯玉祥痛悼张自忠的文章;延安的《新中华报》发表了追悼张自忠壮烈殉国的社论,还刊登了追悼张自忠的祭文、向死者致敬的版画。同时,在延安各界举行的"追悼张自忠将军大会"上,毛泽东等党中央领导人分别题悼词,毛泽东题"尽忠报国",朱德题"取义取仁",周恩来题"为国捐躯",通过一系列活动来纪念张自忠将军。之后,全国各地纷纷开展了形式多样的纪念活动,借以动员民众积极抗日,鼓舞抗战精神,打击国内的投降主义,并对取得抗日战争的胜利产生了积极的影响。这些形式多样的纪念活动对当时的中国人民抗战来说是一剂强心剂,既是构建张自忠将军民族英雄形象的重要组成部分,也对抗战的胜利起到了一定的推动作用。①

---

① 陈鹏飞:《抗战时期民族英雄形象的建构——以张自忠为中心考察》,硕士学位论文,湖南师范大学,2016,第42页。

八、北碚的四次反轰炸斗争

战时北碚在政治、经济、文化等方面的建设上取得了重要成就,但其处在日军陆军航空队(从山西运城起飞)轰炸重庆的必经之路上,日军在1940年对北碚进行了四次惨无人道的无差别轰炸。[1] 1940年5月27日,是第一次轰炸,据统计造成居民受灾者55户,损失约190594元;营业受灾户23家,损失约68340元;被炸死101人,重伤68人,轻伤58人。1940年6月24日,日军实施了第二次轰炸,据统计,造成居民受灾者216户,损失约262417元;营业受灾户114户,损失约291800元;其他包括政府机关、学校、工厂和医院等机构损失171250元;被炸死44人,重伤16人,轻伤12人。1940年7月31日,日军进行了第三次轰炸,据统计造成居民受灾54家,损失约65650元;营业户受灾33家,损失约303763元;其他损失共计204351元;被炸死27人,重伤25人,轻伤39人。1940年10月10日,日军实施了第四次轰炸,据统计,造成居民损失重大的36户,轻微者59户;大明纺织染厂中弹10余枚,其中有一枚炸弹重达500公斤,厂房机器损失极巨;实验区署房屋损失约5万元;北碚电力房损失约上万元;学校、民房损失约10万元;此次所有损失加起来总计40多万元。轰炸还造成4人死亡,9人重伤,17人轻伤。

面对日军飞机的轰炸,为减少人员伤亡和财产损失,北碚军民采取了以下四个措施积极有效地应对。

---

[1] 1939年11月27日,日军飞机轰炸重庆,飞过北碚上空时,投下一枚炸弹,炸毁杜家街砖厂青砖2万匹。

（一）成立防护机构，加强反空袭斗争领导

鉴于日本飞机对不设防城市的狂轰滥炸，早在1937年9月，重庆就成立了防空司令部。为加强对防空工作的领导，1937年12月北碚相应成立了三峡实验区防空委员会，1938年2月1日奉令改三峡实验区防空委员会为四川省防空协会三峡实验区支会，1939年2月，再奉四川省防空司令部命令，改名为三峡实验区防空支会。防空支会下设三个股，第一股内设庶务、宣传、文书各组，主要职责为掌握民间防空、防毒宣传及各种消极防空之设备、交际联络及各种总务事宜；第二股内设会计组，掌握关于防空设备经费之筹集、保管，及防空支会一切经费事宜；第三股内设纠察、消防、救护、交通管制、警报各组，掌握关于本区防空、防毒训练，避难指导，消防救护，交通管制，灯火管制，警报等事宜。防空支会后来改组为防护团，主要负责推进本区防空的各项事宜。防护团团部官员4人，各乡镇设防护分团，全区防护团官兵共计1759人。此外，每保有防护团员24人，进行过为期3个月的军事训练。[1]为了辅助防护团工作，还组建了义勇防护队，防护队的中心任务是消防灭火，编制为每保一小队，每警卫区为一中队，每镇为一大队，完全以壮丁编制而成，一有警报立即集合，整装待发。[2]防护团组建后，在几次轰炸抢救中发挥了重要作用。只要空袭警报一解除，防护团

---

[1] 重庆市北碚区地方志编纂委员会：《重庆市北碚区志》，科学技术文献出版社重庆分社，1989，第166页。
[2] 《北碚防空工作概况》，《北碚月刊》1940年第3卷第3期。

成员就与其他人一起抢救灭火、救治伤员,事后清查损失、发放赈灾款等。

(二)扩大宣传教育,提高反空袭防护意识

为了提高北碚军民的反空袭斗争意识,北碚防空支会成立后,立即着手推进防空宣传教育,目的是通过宣传让民众知道日军空袭的危险及开展防空工作的必要性,减少无谓的损失。首先,是在各级学校组织了防空宣传队,宣传队的学生利用课余空闲、集会之际、假期时间,以戏剧表演、集会演讲、绘制油画漫画、张贴各种防空标语、歌咏表演的形式,轮流到各镇的大街小巷、防空洞壕以及居民集中点开展防空宣传,组织防空教育。例如,当时的北碚小学派年龄较大的学生50余人,分赴本镇市街及附近乡间开展防空宣传,宣传方式除了张贴标语及颇能打动人的漫画外,另由歌咏队唱抗战歌曲以吸引广大听众,然后由儿童取出防空常识图10余幅,逐幅向市民解说,市民看画听讲后多能心领神会,解说完毕后,继之以警惕之演说或动听之故事,听众对之颇为感动。其次,为扩大防空宣传的影响,1940年4月1日晚上,北碚还举行了火炬游行,让人们对于防空知识有了更为真切的认知,成效颇为明显。[①]

(三)修建防空设施,抵御日军飞机轰炸

防空设施的建设,是减少日军空袭时造成损失的有效途

---

① 《北碚防空工作概况》,《北碚月刊》1940年第3卷第3期。

径。1939年春,日本军队出动了大批飞机袭击四川和重庆各地,见此情形,北碚地方当局紧急动员,赶修防空洞。有鉴于其他地方修筑的一些防空洞经不住日军炸弹轰炸而倒塌的,还有一些防空洞内空气不足致人窒息死亡的,也有民众在防空洞口遭受日军飞机机枪扫射死亡的,北碚当时在开凿防空洞的时候,特别注意到了以下几点:一是把防空洞都开凿在山腰的岩石上;二是多开洞口;三是在每个洞口凿进5公尺后即转直角;第四是洞内用木料做支架和天花板;第五洞口做护洞墙两道。通过这五项措施,大大减少了防空洞的危险性。经过6个月的努力,北碚共修凿了11个防空洞,总计可容纳4800余人。①

除了开凿防空洞,北碚当局为了解决原有医院房屋狭小,病人多,而且接近市区,危险极大的问题,在郊区修筑了重伤医院,可容纳百余人,交通便利,作为受敌机轰炸重病之人疗养的地方。②

(四)组织防空救济,减少社会问题发生

大规模的空袭后往往容易造成人员伤亡和财产损失,导致大批难民的产生,如果不能及时组织救济,很容易带来诸多的社会问题。北碚在遭受四次轰炸后,当局都能第一时间组织防空救济。敌机每次投弹离去之后,实验区署立即致电成渝军政各机关报告受灾情况,请求中央赈灾委员会拨款救

---

① 《北碚防空工作概况》,《北碚月刊》1940年第3卷第3期。
② 《北碚防空工作概况》,《北碚月刊》1940年第3卷第3期。

助轰炸后无法维持生活之同胞,标准为大人10元,小孩(十二岁以下者)5元,重伤20元,轻伤10元,最轻伤5元,死亡者按每人30元的标准给家属发敛埋费。[1]

九、中国第一个滑翔机场在碚建成

战时北碚,见证了中国飞行史上的重要时刻——滑翔运动的诞生。

全面抗日战争爆发时期,兴起了一项国防体育运动——滑翔运动。当时,国民政府为强化防空,寄希望于滑翔运动"不但可以补助空军,还可以增进国民体力"[2],于1941年4月4日,在重庆成立了中国滑翔运动总会。滑翔总会以培养空军干部,促进航空建设,发展国民体育,普及青年教育为宗旨,为培养民众航空兴趣,增强国防意识,积极推行滑翔运动。由于北碚青年学生云集,具备发展滑翔运动的基础,因此,滑翔总会把推行滑翔运动的重点放在北碚,决定在北碚选址修建滑翔机场。为确保滑翔运动顺利开展,为滑翔训练提供必需的滑翔机,1942年1月15日,北碚滑翔机修造所正式成立,由航空工程专家钱自诚博士任所长。[3]

1941年4月4日,中国滑翔总会在重庆成立,并着手选址,建立训练基地。同年10月20日,工程师吴瑞庭着手勘

---

[1]《北碚三次被炸的损害及救济情况》,《北碚月刊》1940年第3卷第5期。
[2] 中国人民政治协商会议重庆市北碚区委员会文史资料委员会:《抗日战争时期的北碚》,北碚三峡印刷厂,1992,第168页。
[3] 中国人民政治协商会议重庆市北碚区委员会文史资料委员会:《抗日战争时期的北碚》,北碚三峡印刷厂,1992,第169-170页。

测、设计，12月底开始动工，经过近两个月的修建，北碚滑翔机场于1942年2月15日在火焰山下的嘉陵江沙滩上落成，并成立北碚滑翔站。在滑翔机场建设过程中，北碚滑翔机分会于1942年1月6日成立，名誉会长吴南轩、胡定安、张之江，会长卢子英，副会长马客谈、江一平，理事有张博和等22人。1月8日，中国滑翔机总会在《嘉陵江日报》上公布了《县市滑翔支会会章》。

机场跑道长410米、宽115米，临江的一面用鹅卵石垒做堡坎，靠山一面，在牌坊塆修筑一个纵横50米的停机坪，有弹射台一座，下面修筑一条倾斜马路通往滑翔机场。由于北碚黄桷码头所在区域正好处在温塘峡和观音峡之间，空间开阔，这为滑翔机滑翔飞行提供了天然绝好的空间。黄桷码头背靠的飞蛾山，山壁垂直如刀削，山顶恰好有一块平坦开阔的坝子，是滑翔机起飞的天然场所。黄桷码头对岸的嘉陵江江滩，平坦绵长，是滑翔机降落的理想场所。

北碚滑翔机场有10架滑翔机，编号为1—10号，第1号为"北碚号"，是一架"狄克生"初级滑翔机，由北碚人民捐献，另外9架为H-17式中级滑翔机，由中国电影制片厂捐献，均命名为"中国电影号"。

1943年，滑翔机场又进行扩建，跑道延伸为560米，加宽至130米，可供小型飞机降落。在机场对岸的牛角庙天堡井，又新建一个滑翔机弹射台，台面长80米，宽25米。同年11月23日，开办了秋季滑翔训练班，计有复旦大学、国立国术体育师范专科学校、国立重庆师范学校、立信会计专科学校、勉仁中学等单位的160余名学员参与训练。

　　1944年,时任美国副总统的华莱士访问北碚,在北碚观看了滑翔机表演。抗战胜利后,国民政府还都南京,北碚滑翔机场于1945年11月15日奉命关闭所有器材装备移交重庆滑翔站,北碚滑翔站撤销。

　　北碚的滑翔运动自一开展,就成为青年们十分喜爱的一项国防体育运动。尽管它只开展了几年,但开创了中国滑翔运动的纪录,推动了中国滑翔运动发展,成为中国滑翔运动史上的重要篇章。

十、美国副总统华莱士来北碚参观

　　1943年,开罗会议后,中美关系呈现出了微妙的特点,蒋介石对美国政府在反攻缅甸问题上的出尔反尔,以及在中国远征军渡江作战等问题上采取的胁迫措施非常不满,而且由于美国政府在关于财政经济的交涉上拒不让步,中美之间包括十亿美元贷款、反租借物资和由中国政府垫付美国军费等问题的谈判,在这一时期也陷入僵局。这一时期美国政府对国共关系的兴趣也在逐渐增强,并试图主动参与其中。蒋介石对美国的态度极为忧虑,并设法拒绝美国的干预。同时,由于抗日战争形势发展迅速,美国政府进一步要求建立与中国共产党直接的联系,以便双方进行军事合作。[1]1944年,中国战场出现了举世震惊的"豫湘桂大溃败",与此同时中苏

---

[1] 付辛酉:《再论华莱士访华与1944年的中美关系》,《史林》2013年第4期。

关系急剧恶化。军事和外交上的困境使得蒋介石在这一时期对美国寄予厚望,期望美国政府增加对华军事援助,以及在中苏边境冲突中表态支持中国。而美国政府方面,罗斯福急需一位特使对中国进行访问,一方面调查中国的政治、经济和军事形势,中国军队的抵抗能力和可能出现的结局,另一方面调解中苏关系避免双方出现大规模武装冲突。

1944年6月20日,作为罗斯福总统的特使,美国副总统华莱士访问重庆。6月22日,在农林部部长沈鸿烈陪同下,华莱士参观了位于北碚天生桥的中央农业实验所。沈鸿烈向其介绍了中国农业行政概况、农业中心工作及改进农作物生长情形。实验所所长谢家声引导贵宾依次参观了土壤肥料系、病虫害系、园艺系、麦作杂粮系、田间实验、图书室等。上午11时半,华莱士又与陪同人员登车径赴北碚平民公园旁的中央银行大楼,应邀共进午餐,午餐后参观高级滑翔表演。据说为了这次表演,北碚滑翔站专门从成都调来滑翔新机数架。表演于2时许开始,由河对岸来龙山弹射台弹射的六架高级滑翔机升空,在嘉陵江和北碚上空盘旋滑翔。[1]下午,华莱士来到位于歌乐山的儿童保育院参观。

华莱士在重庆逗留的短短5天时间,就被国民政府安排到北碚参观,足见北碚在抗战中的地位。作为农业问题专家和副总统的华莱士,到北碚参观农业实验场及观看滑翔机表演,均能加深其对中国人民抗日决心的了解。同时,这些行

---

[1] 周永福:《1944年美国副总统华莱士访华全程纪实(一)》,《百年潮》2016年第7期。

动也能进一步争取美国对中国抗战的支持。

华莱士访华是在美国政府充分认识到中国共产党的重要性和蒋介石拒绝与中国共产党接触的背景下进行的。华莱士访华最终促成了蒋介石同意美军观察组进驻华北,这可以让美军在华北获得情报,从而有利于美军的对日作战。

第四章

活力的源泉

打开地图来看，大巴山的一支走向西南，在达县邻水地区就是盗匪出没的华蓥山，再到合川与奔往东南的嘉陵江相遇，被它冲刷成断岩绝壁的小三峡，这里有北碚温泉的名胜，也出产煤和石灰，在北碚下游三四里的峡中，煤屑与石灰布满了白庙子的斜坡与石梯所组成的街，它是这一区大大小小煤矿通往外面的总口。在这里一百多家煤矿中，最大的要算天府煤矿了，它有北从大田坎南到白庙子总长16.8公里的铁路及其沿线的矿区，重庆每月用的60000多吨煤中，40000多吨都是天府供给的，矿上的员工及其眷属差不多有10000人，在整个西南，要算第一大煤矿。[1]

---

[1] 东海：《重庆活力的源泉——天府煤矿》，《科学时代》1947年第2卷第3期。

一、新天府煤矿的成立

天府矿业股份有限公司是由(原)天府煤矿、河南中福煤矿、北川铁路公司以及民生实业公司合并而成的股份有限公司。煤矿的两大矿区为江北观音峡煤区和合川煤区,在抗战中,天府煤矿逐渐发展成为大后方最大的煤矿,鼎盛时期公司内的工人达六千多人,对供给后方煤炭需求及抗战胜利做出了重要贡献。

北碚所在的嘉陵江上游地区,煤炭资源丰富,产量旺盛。17世纪中叶,文星场一带便有原始洞穴式小煤窑出现。17世纪后期,文星刘家槽、二岩甲子洞先后办起了煤矿。到20世纪初北碚境内的文星场、代家沟、二岩、缙云山南北坡已有煤矿数十家。较大的煤矿有代家沟至文星场一带的福和煤厂、天泰煤厂、和泰煤厂、公和煤厂;二岩一带的复兴和炭厂、兴发公炭厂;缙云山南北坡的双连煤厂、屋基煤厂、翕和煤厂、久大煤厂等。嘉陵江沿岸的黄桷镇、金刚碑、二岩、夏溪口也相继形成了煤港。黄桷镇有煤坪百余家,运煤工人万余人；金刚碑有煤坪二三十家，运煤驮马300多匹。煤炭远销重庆及川北各地。[1] 20世纪20年代，北碚境内煤炭工业进一步发展。1921年，北碚文星桄槽沟同兴煤厂建成平洞380米，日产原煤近100吨。1925年，三才生煤矿建成投产。1928年，宝源煤矿公司成立，年产煤逐步增至12.5万吨。

1944年的白庙子码头（剑桥李约瑟研究所藏）

原天府煤矿的矿区位于观音峡煤田（今合川、北碚和渝北境内），太平天国时期已有开采，但是，由于运输条件落后，发展很慢。1927年，卢作孚联合张艺耘和唐建章组成北川民业铁路股份有限公司，并于1928年11月开始修建北川铁路。1933年，南起嘉陵江白庙子，北到合川大田坎，全长16.8公里的四川第一条运煤窄轨铁路——北川铁路全线建成通车。同年，桄槽沟同兴厂、老龙洞福和厂、石笋沟又新厂、盖梯沟天泰厂、后峰岩和泰厂为了扩充营业，相约各厂就现有之资产估值，作为股份，设立公司，以归划一，并邀民生、北川两公司投资，于同年6月24日发起成立天府煤矿股

---

[1] 重庆市北碚区地方志编纂委员会：《重庆市北碚区志》，科学技术文献出版社重庆分社，1989，第197页。

份有限公司,聘请卢作孚为董事长,①其后麻柳湾公和厂亦随之加入。天府煤矿公司同年8月接收同兴厂,9月接收天太厂;1934年5月接收公和厂,7月接收福和又新二厂,11月接收和泰厂。②在全面抗日战争爆发之前,北碚的煤业曾经一度萧条,尤其是1936年四川省大旱之后,人工过剩,产量供过于求,煤价一落千丈,经营煤业的大多亏损不堪。③

1937年11月,国民政府迁都重庆,东部沿海工矿企业、科研院校、政府机关及大批难民也陆续内迁重庆。一时间重庆工矿企业林立、学校猛增、人口急剧上升,对于能源的需求有增无减。相对于石油、酒精等其他能源而言,煤炭因其在钢铁、电力、化工和交通等行业中的特殊价值随即成为抗战时期重庆的重要能源。作为当时大后方最大的煤矿,天府煤矿为重庆的社会经济和抗战的胜利奠定了重要的物质基础。鉴于重庆燃料需求激增,而煤矿业发展缓慢,供不应求,卢作孚提出了"加强后方煤矿工业,以利抗战建国"的主张。但是,当时天府煤矿的机械配备不足,通风、排水、搬运各项工作均有待补充与改善。④1938年内迁的河南中福煤矿与天府煤矿合并组成大后方最大的煤矿——天府矿业股份有限公司。

---

① 重庆市地方志编纂委员会:《重庆市志·第四卷》(上),重庆:重庆出版社,1999年,第58页。
② 江巴璧合四县特组峡防团务局:《峡区事业纪要》,峡防团务局印,1935,第57页。
③ 李文海:《民国时期社会调查丛编·二编·城市(劳工)生活卷》,福建教育出版社,2014,第302页。
④ 程宗阳:《四年来之天府煤矿》,《驿运月刊》1942年复刊号。

北碚的煤炭在一定程度上满足了抗战后方尤其是重庆的煤炭需求，为抗战持续进行提供了物资支持。据统计，1945年，天府矿业股份有限公司为重庆电力部门供应的煤炭数量是其使用燃料总数的60%，为重庆兵器工业提供的煤炭数量是其使用燃料总数的55%，为重庆航业及纺织部门提供的煤炭数量是其使用燃料总数的80%，为重庆化工部门提供的煤炭数量是其使用燃料总数的25%，为日常用煤及其他行业提供的煤炭数量是其使用燃料总数的55%。[1]

二、后方的蚕种改良中心

全面抗日战争爆发后不久，以江浙为主的沿海地区的蚕丝事业遭到毁灭性打击，四川、云南、贵州等地承载了复兴中国蚕丝事业的重任，尤其是四川地区，养蚕缫丝历史悠久，基础条件厚实，是最为理想的蚕丝事业复兴之根据地。1934年1月，卢作孚出任全国经济委员会蚕丝改良委员会委员，几个月后与刘航琛、高沛郁、黄勉旃合拟《四川蚕丝业改良初步经过报告》，回顾了四川蚕丝业的历史，并提出新计划。1935年冬，卢作孚出任四川省建设厅长，积极着手复兴四川省蚕丝业，并于1936年筹建了四川省蚕桑改良场，战时四川省蚕丝业当仁不让地承担起了抗战建国的六大使命。

---

[1] 文集成、章体功：《官僚资本主义的天府煤矿》，载中国人民政治协商会议四川省委员会、四川省省志编辑委员会编《四川文史资料选辑》第9辑，四川省新华书店，1963，第122页。

一、换取外汇稳定法币价值。自抗战发生后，外人鉴于我国土地沦陷，出口货少，虽财政部管理外汇，而我国法币价值，仍不免逐渐低落，川省大量生产蚕丝，增加输出货品，直接可以换取外汇，稳定法币价值，间接亦即换取枪炮，充实抗战力量。

二、增加生产富裕后方农村。川省为中华民族复兴根据地，惟以生产较少，民多贫困，农村经济，素称艰窘，而蚕业最为挽救农村经济之良剂，凡经推广之蚕区，无不早获实效，倘能大量生产，则农村富裕，盗匪自少，治安无虞，力量乃增，人力财力，均系支持抗战胜利之因素。

三、供给后方发展各省蚕业之资料。川省蚕业改良较早，所有原种桑苗及其他设备，均较完善，除发展本省外，对后方滇、黔、西康各省均先后供给原种普通种桑苗桑籽等资料，尽量扶植，以助其蚕丝业之发展。

四、准备复兴战区各省蚕业之资料。如苏、浙、皖、粤、鲁各省蚕业经敌人摧残破坏，抗战胜利后，如欲迅速恢复，则蚕种桑苗及技术人员等，均应由川省妥为准备，藉（借）免有临时措设不及之虞。

五、保存国家蚕业命脉。抗战前各省原有蚕丝技术人员，优良原蚕种及各种珍贵设备等，概系中国蚕业之命脉，到达川省后，无不妥为安插与运用，以期保存其原气，俟抗战结束，遄返原地仍能发挥其原有力量，以贡献于国家。

六、供给军需用品。蚕丝用途，日渐增广，除衣料外，军需甚多，飞机各部及降落伞等，多系丝织物所制成，他如弹药及手溜（榴）弹掣线等，多用丝为原料，后方各厂所用者，概系川省所产之蚕丝。[1]

从四川蚕桑改良场场长尹良莹总结的这六大使命中不难发现，"蚕丝抗战"是战时后方蚕丝业复兴的核心任务，其中制造军用降落伞又是其最为直接的目的之一。

降落伞是随着航空事业发展而日渐为人类所重视的，并发展成为飞机航行的必备物品。"近年来航空事业日见发达，空军在战争上所占的地位，亦为人所重视，因此，人们对于安全的需求日见增加，而飞机师和乘客的携带降落伞以防万一，业已和航海者的携带救命圈一样平凡无奇了。"[2]

据称，早在1650年，暹罗（今泰国）已经发明了降落伞，不过并未投入实际运用当中去。1738年，英国的雷诺蒙德鉴于高楼起火救援困难而创制降落伞，此时其主要目的是用于火灾时救人。之后，因其急救价值日渐凸显，不断有研究者对其进行试验，在试验过程中也经历较多挫折，直到1912年，美国比雷上尉才正式成功用于飞机飞行时的降落伞。比雷设计的这款降落伞在第一次世界大战中投入了使用，救了无数飞行员的性命。第一次世界大战结束之后，各国航空事业迅猛发展，降落伞的重要价值更为各国所重视，各国投入大量人力、物力对其进行进一步的优化试验，其功能也得到进一步完善。第二次世界大战前夕，世界各国的飞行工具愈来

---

[1] 尹良莹：《四川蚕业改进史》，商务印书馆，1947，第294–295页。
[2] 邬曦：《降落伞史话》，《大众》1945年第27期。

愈精,降落伞更是成为必不可少的装备,与此同时,各国还训练出专一的伞兵兵种。[1]

降落伞兵

降落伞系用绢布或木棉布剪成三角形块缝合而成,在线缝之端各系一索,互相会合,以便吊挂乘客。全伞可以折叠成背包式,或坐褥式,或缠在腰间。张开方法通常有两种:一种为携伞者跳出飞机后,自行拉动一个安全环,伞即从包内跃出而张开,此式为有经验的航空人员所通用;第二种为伞包另在一个系于飞机上的帆布袋里,携伞者跳出飞机时,布袋经人体之重而解开,同时伞也自动张开。[2]

战时,后方各个蚕丝产区对蚕丝制造降落伞一事均颇为重视。在后方的贵州,"中国科学人员,现正进行实验工作,

---

[1] 邬曦:《降落伞史话》,《大众》1945年第27期。
[2] 邬曦:《降落伞史话》,《大众》1945年第27期。

此项工作若告成功,则中国能有多余之特种丝运至美国,作为制造头等降落伞之用。目下,中国所产之特种丝,仅足供给本国空军之用"。"特种丝产于贵州省之遵义附近,其特点为织维特别长,韧性也较强,吐此种丝之蚕,不食桑叶而食柞叶,因之名为柞蚕,此蚕自行觅食,不必人类多大照顾。""柞蚕本为野蚕,但目下已成为家蚕,蚕作绿色,茧作深褐,蛾作橘黄色,翅翼有白小点。柞蚕所作之茧,与平常之茧子所包含之丝量相等。""近年来,由于农民之疏忽,遵义之柞蚕数量逐渐减少,乃后政府对于此事发生兴趣,数目乃重见增加。经一再实验后,始知对普通茧所作之科学手工,施之柞蚕,亦同样有效。"[1]另据调查,"抗战以后,吾国丝业中心,及主要蚕区,相继沦没,丝业倍受摧残,贵州今已成为后方之重地……黔北二县……盛行饲育山蚕(即野蚕),所产山丝,……缫丝而织之,是为山绸,丝纯绸厚,较府绸尤佳,今日用制飞行伞,更为军用所急需"[2]。

在后方的四川,由于太平洋战事爆发,尤其是滇缅公路中断之后,国际市场似乎有发生根本变化之虞,资源委员会一时也不敢表态是否照常负责收买蚕丝出口,四川丝业股份有限公司不得已以生产内销丝为主而紧缩生产计划,并当即停办蚕种制造场5所,停办缫丝厂3家,出售三分之一的桑园,职员亦由1700余人减至700余人。不过,没过多久,盟国

---

[1]《可制降落伞之贵州丝》,《纺织杂周刊》1941年第7卷第1期。
[2] 郭太炎:《贵州省正安道 真绥 阳三县蚕桑事业及土地利用概况》,《中农月刊》1943年第4卷第12期。

又以制造降落伞及其他军需品之由,仍照常需要大量中国生丝,国民政府乃复又从事增产计划。四川外销增产委员会极力提倡、贸易委员会复兴公司予以早期拨付款项之便利、川康兴业公司予以黄茧贷款、四联总处提高丝价押款,凡此种种,不外乎促进外销丝生产,但是,由于四川丝业有限公司减产、裁员,1942年的收茧量及制丝量均不及1939年。财政部于1943年3月颁布了《全国生丝统购统销办法》,四川省政府根据这一办法,制订了1943年四川蚕丝增产计划大纲,力图增加外销丝的产量。①

全面抗日战争时期,后方大批量的生丝外销给盟军,用于制造降落伞、弹药及手榴弹掣线等军需物品。因此,无论是被中国用以创收外汇,还是被盟军用于制造军用产品,后方的蚕丝成为战时极其重要的军用物资,为中国抗战及世界反法西斯战争做出它应有的贡献。

北碚蚕丝业始于清同治年间,几经衰落与发展,对四川蚕种制造业发挥过深远的影响。

1927年,卢作孚刚到北碚出任峡防局局长时,即为开发辖区的资源和地方产业进行了全面调查研究。1928年,卢作孚组织峡防局人员,在北碚东阳镇上坝农场种植桑苗,养蚕一季,精制一批蚕种。并在峡区训练处设养蚕组,春夏两季教士兵养蚕制种,作之后大规模养蚕之预备。1928年3月10日,《嘉陵江日报》刊登了《峡防局的新计划,大规模的经营工业》一文,文中提到峡防局将进行织布、养蚕、缫

---

① 罗承烈:《四川的蚕丝业》,《四川经济季刊》1943年第1卷第3期。

丝、修枪、建筑等工业项目的开发，并且都有一个详细的计划。

1930年，卢作孚率团出川考察，到江苏时已经注意到"制秋蚕种"一事，他在《东北游记》一书中写道：

> 养秋蚕是三四年来才有的运动，而今逐渐普及了。据合众蚕业改良社蚕种制造场的职员说，去年调查全省需要秋蚕种50万张；今年调查需要到100万张。这个数目未见其正确，然可见其进展之迅速。合众社的蚕种制造场在镇江。其邻近今年又新成立两个公司，一个资本10万，一个资本5万，是专门制造蚕种的。南京中央、金陵两大学，我们去参观的时候，亦正忙着制造蚕种；苏州附近亦有专门制造蚕种的事业；都是注重秋蚕种，于此可见其需要之急切。[1]

全面抗日战争爆发前夕，四川蚕丝业处于历史最低落时期，蚕茧产量仅约13万担，仅及1931年的25%，出口生丝4000余担，亦仅为最盛年份的10%。此时，卢作孚已出任四川省建设厅长，恢复及改进四川蚕丝业是其拟定的《四川省政府建设厅施政纲要》的重要内容之一。[2]

1936年初，卢作孚邀请中央大学毕业留日的江苏蚕学专家尹良莹来川，随来的是大批苏、浙、皖籍的技术人员，在

---

[1] 卢作孚：《东北游记》（1931年11月再版序），载张守广、项锦熙主编《卢作孚全集》第1卷，人民日报出版社，2016，第272页。
[2] 曹治华：《抗战时期的北碚蚕桑业》，载中国政治协商会议重庆市北碚区委员会文史资料委员会编《抗日战争时期的北碚》，北碚三峡印刷厂，1992，第107页。

南充创办"四川省蚕桑改良场",使桑树培育、蚕种制造、蚕桑科技的应用推广,研究生丝品质提高的技术等有一个整体计划,并组建川北、川南蚕桑推广区。同年7月,四川省蚕桑改良场接管四川蚕桑推广所,改名为川东蚕桑推广区,四川蚕区逐步扩大到在66个县设置蚕桑推广所。与此同时,卢作孚先生又亲自从江苏延聘中山大学毕业留日的四川籍蚕学专家陶代华,回川任四川省建设厅技正兼四川省蚕丝事业管理局(在重庆)技师。到同年8月,因四川省蚕丝事业管理局局长魏文翰(留美著名律师)与陶代华前次来北碚考察区属黄桷镇东阳上坝的土质优良,于是筹办北碚蚕丝改良场,且已经得到建设厅核准,只等省府批准。① 1936年9月,嘉陵江三峡实验区署奉省府训令为蚕丝管理局负责征收黄桷镇东阳上坝土地为蚕丝改良场。由区长和建设股主任会同江北县代表蚕丝业管理局川东分场技师,前往该地召集各地主开会进行商讨,并成立购地委员会,进行购买。② 当时卢作孚任川建厅长,其设法征收上坝土地数百亩,作为场址及桑园地,同时委托熊季光、张文明由浙江省采办优良桑苗,由陶代华场长开办,王开汉、孙泽树分别主持栽桑育、蚕技术,四川蚕桑改良场川东分场(即今四川省北碚蚕种场)得以确立。

1937年1月,全国蚕丝改良委员会由江浙地区购买并赠

---

① 《蚕丝管理局将在东阳镇筹办北碚蚕丝改良场》,《嘉陵江日报》1936年8月27日第3版。
② 《嘉陵江三峡乡村建设实验区署第一周年大事记》,《北碚月刊》1937年第1卷第9、10期。

送四川的首批桑苗,共计60万株,运到北碚,在上坝按规划种植。1937年2月9日,四川省蚕桑改良场川东分场,在北碚正式成立,陶代华任场长。川东分场接管原川东推广区业务及人员,在场内设推广股,直接领导江北、巴县、璧山、合川、铜梁等县的蚕桑指导所,推广改良白茧蚕种,发展蚕业生产。1937年7月,推广部分由川东分场划出,恢复川东蚕桑推广区机构,川东分场即更名为"北碚蚕种场",同时,该场为提倡养蚕风气,作大规模之养蚕,作改良标准,积极修筑新蚕房。①

1937年11月上海失守后,苏、浙、皖等省避难入川的大批蚕业技术人员100多人,于11月下旬抵达重庆。四川丝业公司陆续接待先后入川的蚕丝专家、学者、技术人员200多人,其中有的延聘在公司任职,大部分派往北碚两个蚕种场及南充的四川蚕桑改良场等蚕业单位。入川蚕业技术人员具有不同程度的专业学历及丰富的蚕业生产经验,他们将先进的蚕业生产技术、操作方法与管理制度传播到四川蚕区及各地蚕种场,推动和提高了蚕业生产技术水平。在北碚两个蚕种场工作的江浙技术人员有30多人,分别担任了各级领导及业务技术骨干,先后担任场长的陶代华、熊季光、吴引庄、孙泽澍、陈葆清、葛敬遽、唐士元、马进等都是蚕业界知名的专家(陶代华、熊季光、孙泽澍虽系四川籍,但都就读于

---

① 《蚕桑改良场新建蚕房定二九完工》,《嘉陵江日报》1937年7月26日第3版。

南京中央大学并在江苏工作，抗战前夕先后返川）。[1] 在大批学校、机关、科研、企事业单位陆续迁建北碚时，当时的农林部中央农业实验所蚕桑系也迁到北碚上坝，租用北碚蚕种场的新建楼房作养蚕室，后又购买白家洋房作养蚕室及宿舍，著名蚕业专家孙本忠博士曾在此选育黄皮蚕。

1938年初，北碚、巴县两个茧种场根据四川省府颁布的《管理蚕丝业大纲》，划归四川丝业公司经营，自此，北碚的两个蚕种场成为四川蚕种制造业的重要基地。北碚两个蚕种场的成立，意味着北碚的蚕桑业发展进入一个新的阶段。首先，两场培育并向蚕农发放改良蚕种，提高了蚕种品质；其次，北碚蚕种场自1943年起增设原种部，为继续培育改良蚕种奠定了坚实的基础，同时也满足了原种自给；最后，在北碚蚕种场设立冷藏库，使得北碚秋蚕饲育更为方便。至此，两个蚕种场从三个方面推动了北碚的蚕种改良。

四川地区养蚕，在1934年以前所用的蚕种，大多是自留或购买三眠黄蚕种，土种的质量大多不良，收成欠差，且不易饲育，改良种又仅供机关学校试验。[2] "此项土种品质杂驳、病毒繁多，其成绩之恶劣，殊为整个蚕丝业进展之障碍"[3]，所以蚕丝改良场成立时，首要任务是制造改良蚕种，以供推广，从而树立蚕业复兴的基础。鉴于此，1934年全国

---

[1] 曹治华：《抗战时期的北碚蚕桑业》，载中国人民政治协商会议重庆市北碚区委员会文史资料委员会编《抗日战争时期的北碚》，北碚三峡印刷厂，1992，第108-109页。
[2] 杨碧楼：《十年来之四川蚕丝业》，《四川经济季刊》1947年第4卷第1期。
[3] 王翔：《中国近代手工业史稿》，上海人民出版社，2012，第378页。

经济委员会蚕丝改良委员会设立四川蚕桑指导所,于江北、巴县、潼川、璧山等地成立分所,实行统一指导,推行蚕桑改良工作,主要是取缔土种,发放良蚕种,指导养蚕技术,"以无偿供给农民饲育,以收统制蚕种之效果,而积极使在来之土种,归于自然淘汰"。由于江浙改良蚕种的勃兴,四川蚕桑指导会向江苏镇江合众蚕丝改良会购得改良蚕种五千张及散卵若干,分给重庆附近巴县、江北二县及川北产茧区域之潼川等处,结果成绩甚佳,"虽仓促从事,结果颇称圆满"。[1]其后,饲育改良蚕种的想法逐渐深入蚕户心中,改良蚕种的饲育也逐步在四川省展开。

1937年8月,北碚蚕种场试行制造蚕种,该场为使蚕农普遍都能喂改良蚕种,喂蚕卵至120张之多,"成绩甚佳"[2],备将来完全制成蚕种,而期繁殖广大。[3]1938年,该场制成50000张在川东各县推广[4],为将来川省蚕丝的发展奠定了坚实的基础。同年4月,向北碚、文星和黄桷三镇分发蚕种952张。[5]

到1941年,已有北碚、南充、西充等23个蚕种场,各场桑园、蚕室及设备较为完善。每年制种数量,春秋两季约80万

---

[1] 王翔:《中国近代手工业史稿》,上海人民出版社,2012,第381页。
[2] 赵仲舒:《嘉陵江三峡乡村建设实验区署工作报告书》,《北碚月刊》(影印版)1937年–1938年第2卷第1期–第6期合刊。
[3] 《蚕桑改良场川东分场制造蚕种开始喂养》,《嘉陵江日报》1937年8月31日第3版。
[4] 《川东蚕桑制种场本季可制五万张》,《嘉陵江日报》1938年3月22日第3版。
[5] 赵仲舒:《嘉陵江三峡乡村建设实验区署工作报告书》,《北碚月刊》(影印版)1938年第2卷第7–12期合刊。

张,实际制种能力已达年产百万张以上。[1]而到了1946年时,蚕农大多使用的是改良蚕种,甚少使用土种。

抗战时期的北碚蚕种场以其人才荟萃,技术力量雄厚,规模较大,设备先进、完善,制造品质优良的三级蚕种而闻名于国内外,享誉欧美。从1937年建场到抗战胜利,北碚出版的《嘉陵江日报》曾十余次报道该场的建设与生产等参观访问记。当时的农林总长沈鸿烈、四川丝业公司董事长何北衡、总经理范崇实均曾陪同苏联及英国大使馆人员,加拿大大使,英、法、瑞士等国外交人员,法国商务专员,法国经济代表团,印度农学专家等到该场参观。1941年,国际宣传处邀请中国电影制片厂摄制北碚蚕种场采桑、育蚕、制种等新闻镜头,寄往英、美两国救济委员会作宣传。1944年,该场生产的框制种、平附种均送交贸易委员会和陪都青年馆作陈列品,蚕儿实物标本62瓶与蚕茧标本20瓶送陪都作双十节展品。[2]

除了上述的饲育改良蚕种和原蚕种能推动蚕种改良之外,冷藏库的设立,同样也为进一步蚕种改良奠定了良好基础。四川省过去养蚕以春蚕为主,极少数养夏蚕,但是从未有人饲养秋蚕。为了增加养蚕次数,从而增加产量,除了用人工孵化法外,可通过设立冷藏库解决这一问题。由于入春后气温不定,容易影响蚕种发育,若先将蚕种置于冷藏库,

---

[1]《四川蚕丝业现状及其改进途径》,《川农所简报》1941年第3卷第3期。
[2] 曹治华:《抗战时期的北碚蚕桑业》,载中国人民政治协商会议重庆市北碚区委员会文史资料委员会编《抗日战争时期的北碚》,北碚三峡印刷厂,1992,第109-110页。

等到催青时再将其取出,最为稳妥。1936年蚕丝改良场首先在南充设立了阿莫尼亚冷藏库,由此秋种供应问题迎刃而解。四川省蚕桑改良场试育秋蚕,大获成功,川北第一指导所育秋蚕6160斤,川北第七指导所10170斤,川北第八指导所14112斤,川东第二指导所12247斤,川东第四指导所20001斤。[1]川北蚕区往昔为天然所限,只能春期一季养蚕,且无丰收把握,四川省蚕桑改良场在设立冷藏库后制出秋蚕种分发农民,各地皆报丰收,且品质优良,农民收入可观。[2]嗣后随蚕桑事业的发展,在北碚又设立了新的冷藏库。这样一来在蚕种冷藏上则更为方便。同时近年因为秋种价高,蚕农购买力强,各种场秋种产量多于春种,这都是得益于冷藏库的建立。[3]

三、轻工制造业的发展

在20世纪初,北碚基本上没有现代化的工业,1927年,卢作孚出任峡防局局长之后,提出进行现代化乡村建设运动,发展经济事业。1929年春,卢作孚拟定设立水泥厂、纸厂、纺织厂和玻璃厂的办法。1930年6月份开始,计划设立三峡染织工厂,购办染织机和电机,10月份正式成立。此后,北碚境内先后出现嘉陵煤球厂、甘洞子制冰厂等。但在

---

[1]《川蚕桑改良场试育秋蚕成功》,《嘉陵江日报》1936年10月27日第3版。
[2]《川蚕桑改良场试育秋蚕成绩极佳》,《嘉陵江日报》1936年9月25日第3版。
[3] 杨碧楼:《十年来之四川蚕丝业》,《四川经济季刊》1947年第4卷第1期。

抗战发生的前几年,北碚的工业化运动可以说暂时停顿,到1937年国民政府迁移之后才渐渐活跃起来。内迁的工业有些迁到了北碚,如大成染织工厂、大鑫钢铁工厂火砖部、同心酿造厂等。[1]同时当地建设了许多新厂。北碚工业化运动虽然开端于1931年前后,但是继续发展却是全面抗日战争之后。[2]北碚的工业以轻工业类为主,主要的轻工业有纺织业、食品加工业、印刷业及玻璃制瓷业。

1927年,峡防局出资购置设备,开设工厂,生产"二八"宽幅布,用人工染色,年产色布6万米。1930年,三峡染织工厂正式成立,采用机器纺纱织布,这是四川第一家以动力机织布的工厂。[3]工厂成立后,峡防局局长卢作孚还不断扩充设备,修整厂房。1930年春季,在上海购买三星棉铁厂动力机及各项机器,8月运回北碚,工程师同时到厂安置一切。1930年10月,正式改组成立三峡染织工厂,附属于峡防局,以机器纺纱织布;此时资本达5万元[4];有摇纱、织造、织袜、电灯、漂染、门市、服装、印刷八部;职工百十人;主产冲毛呢、蜂窝布、各种自由布,还有运动背心、花袜、毛袜、男女老少穿的都有[5];在合川、重庆、广安、万县、成都设有售货处[6];

---
[1]《嘉陵江三峡乡村建设实验区署抗战时期中心工作报告书》,《北碚月刊》1938年第2卷第7—12期。
[2] 李文海:《民国时期社会调查丛编·二编.城市(劳工)生活卷》,福建教育出版社,2014,第314页。
[3]《五年来峡区之新兴经济事业》,《嘉陵江日报》1932年1月2日第2版。
[4] 黄子裳、刘选青:《嘉陵江三峡乡村十年来之经济建设》,《北碚月刊》1937年第1卷第5期。
[5]《三峡染织工厂》,《嘉陵江日报》1931年10月10日第3版。
[6]《五年来峡区之新兴经济事业》,《嘉陵江日报》1932年1月2日第2版。

每月产量800余匹,主产阴丹士林布、格子呢、三峡布等。其中,中山呢、印花绒布等为全省独家生产。1932年3月,三峡染织工厂的营业额有2万余元[1];1933年,该厂拨归中国西部科学院直接经营管理;1935年8月,再让渡于民生实业公司,民生公司对其进行了改革和整顿,经销点扩大到19个。

全面抗日战争爆发后,三峡染织工厂与内迁的常州大成染织厂、汉口隆昌染织厂合并,组成三峡大明染织厂(后更名为大明染织股份有限公司),资本额40万元,原三峡厂董事长、民生公司总经理卢作孚被推选为董事长,原大成纺织厂总经理刘国钧被推为经理,厂长为原大成公司工程师查济民。1939年3月,大明染织厂开始工作营业,是战时后方机织染业之主力。[2]该厂的营业状况自合并后日渐发达,1930年纯盈利38万余元,1941年纯盈利140万余元。[3]1943年,该厂有织机200余台,每日产量在200匹以上。[4]1946年,易名为大明纺织染股份有限公司,集纺、织、染为一厂,是功能齐全的企业。公司独自开发的大明蓝色布,质优价廉,享誉全川。

抗日战争时期,北碚有北泉、天源和新源3家小型面粉厂,年产面粉500多吨。1941年,区内有酿造酒糟房8家,制

---

[1] 《三峡染织工厂三月份营业报告——营业总额几达两万》,《嘉陵江日报》1932年4月10日第3版。
[2] 《四川大明染织厂参观记》,《纺织染季刊》1941年第4卷第2期。
[3] 李文海:《民国时期社会调查丛编·二编·城市(劳工)生活卷》,福建教育出版社,2014,第317页。
[4] 《大明染织厂生产近况》,《中国工业》1943年第17期。

酱油、醋的作坊4家。[1]1941年，国民政府成立了中国粮食工业公司，主要加工大米，同时也生产面粉，是战时重庆最大的大米加工厂，并在北碚建立碾米厂一个。1938年，随中国辞典馆迁至温泉公园的北泉人文印刷厂，有印机3台，铸字机1台，人员12人，主要印刷书刊。1940年，金刚碑有公营正中书局第二印刷厂，人员136人，印机6台，铜模10多付，主印国民政府教育部大、中、小学教材。1939年，私营精华印刷厂由南京迁至天生桥，有员工142人，设有4个车间，6台印刷机，8部铸字机，资本500万元法币，主印科技、文艺等书籍，还能印制外文、彩色书刊，后被中央信托局收买，改名为重庆印刷第二工厂，除印刷钞票外，还印刷印花、本票、支票等。1943年后，这些印刷厂陆续迁走。北碚地区内只留国光、益兴、协兴等10多家印刷社，规模小、设备差，大都只印制一般社会杂件。[2]

北碚管理局境内轻工业概况（1942年统计数据）

厂矿名	地址	创设年	资本额（元）	负责人	职员人数（人）	工人人数（人）
中央赈济委员会民利制革厂	金刚碑	1939年	560000	罗任一	7	25
协兴三峡染织厂	金刚碑	1939年	300000	刘仲平	16	100
正中书局第二印刷厂	金刚碑	1930年	/	范献臣	11	128

---

[1] 重庆市北碚区地方志编纂委员会：《重庆市北碚区志》，科学技术文献出版社重庆分社，1989，第223页。
[2] 重庆市北碚区地方志编纂委员会：《重庆市北碚区志》，科学技术文献出版社重庆分社，1989，第226页。

续表

厂矿名	地址	创设年	资本额（元）	负责人	职员人数（人）	工人人数（人）
西南麻织厂股份有限公司	何家嘴	1939年	750000	金德成	14	130
中国妇女慰劳总会北碚征属工厂	毛背沱	1940年	200000	李琬	12	50
大明染织股份有限公司	北碚庙嘴	1939年	1000000	查济民、郑湘帆	26	521
重庆印刷第二工厂	天生桥	1941年	5000000	唐崇李	17	123
义大实业股份有限公司玻璃制造厂	北碚二岩白沙沱	1941年	500000	赖其芳、郑邦一	20	100
重庆蜀华布厂峡区分厂	澄江镇乌木嘴	1939年	500000	印荣廷	4	21
广益化学实业工厂	东阳镇	1936年	800000	王道	/	65

资料来源：《关于填送北碚管理局工厂矿场等调查表的呈、训令、代电（附调查表）》，1942年7月22日，重庆市档案馆，档号：00810004015140000006000。

四、北川铁路的扩建

北川铁路虽然只是一条轻便铁路，但却是四川的第一条铁路。车站地名为白庙子，最初仅有房屋一所，铁路修成后，新建街房百余间，俨若一新兴市场。"铁路之设备有车站十一处，一百一十四马力车头一部，七十匹马力车头二部，三十五匹马力车头二部，五吨车厢自卸煤车六十部，客货车十余部，卸煤桥四座，绞车二部，各种修理车床及机械全套。二十匹马力锅炉引擎全部，有事务处及河边码头、煤栈等。"①北川铁路的建成,充分提高了北碚煤炭产业的生产和运输效率,使"日运量由400吨上升到2000吨"②。

全面抗日战争爆发后,大批工厂、学校、机关等迁入重庆,致使重庆对煤炭的需求量激增,而随着煤炭运输量的日益增加,北川铁路已经不适应北碚煤炭运输的需要。

为了提高铁路的运输能力,天府矿业公司既从株洲购得旧浙赣铁路的38磅路轨,又从国民政府交通部购来28磅钢轨,开始逐段地改敷较重钢轨,以替代从前的20磅铁轨。截至1942年,白庙子站至水岚垭站的2.6公里间改敷28磅钢轨;水岚垭站至后峰岩站的6.3公里间改敷35磅钢轨;代家沟站至大田坎站的4.2公里间改敷28磅钢轨。北川铁路在经过改敷后运输能力大大增强,尤其是水岚垭站至后峰岩站改敷35磅钢轨之铁路,更是能供100匹马力机车全线运行。③

1941年时,天府矿业公司续修已有的白庙子车站下河重力绞车工程之第三、第四段。两段绞车工程都朝南对江,其中第三段距离火车站最远,其下修有新式煤仓12间,可供大量煤炭在此卸货;第四段绞车工程所处地势最低,直达河边,可以将煤炭直接卸入驳船中。这一工程的续修缩短了货物从白庙子车站运至白庙子码头所需的时间,使得白庙子火

---

① 黄子裳、刘选青:《嘉陵江三峡乡村十年来之经济建设》,《北碚月刊》1937年第1卷第5期。
② 重庆市北碚区地方志编纂委员会:《重庆市北碚区志》,科学技术文献出版社重庆分社,1989,第284页。
③ 中国人民政治协商会议四川省委员会、四川省省志编辑委员会:《四川文史资料选辑》第9辑,四川省新华书店,1963,第115页。

车站和码头皆可更大程度上发挥其运输功能。

1940年，天府矿业股份有限公司开始了北川铁路的第二期生产建设，这一项目一直进行到1943年底，建设的项目包括延长铁路线15.5公里，增添机车3辆和载重5吨的煤车48辆。

北川铁路作为北碚因发展煤炭经济而修建的铁路，为北碚煤矿业的发展做出了不可估量的贡献。北碚各大煤矿厂的煤炭经由北川铁路运到白庙子码头，再通过船运的方式送至重庆市区或其他销区。据1943年数据统计，重庆三分之一以上的能源供应依靠这条铁路的运输。

五、嘉陵江北碚段航道的整治

卢作孚曾在《乡村建设》一文中写道："交通事业，是现代人们生活上最需要的事业"，体现了交通建设在现代化城镇建设事业中的重要地位。而北碚地处嘉陵江下游到重庆城区的水陆交通要地，因其重要的战略地理位置，其陆运、水运交通自20世纪20年代起便得到了发展。尤其到了抗战时期，在国民政府及民生实业公司的努力之下，北碚的铁路交通、公路交通及水路交通建设都进入了"再发展"阶段，其间包括北川铁路、青北公路及嘉陵江北碚段的水路建设均获得了新的进展。战时北碚铁路、公路与水路三线并进，共同发展，既实现了北碚交通网络的扩展与完善，促进了北碚的现代化城镇建设，使得北碚与外界经济文化交流愈加密切，为北碚的社会经济发展奠定了基础,还尽力满足了因战争和内迁而剧增的运输需求,便利了战时物资与信息的流通,为抗战胜利做出了巨大贡献。

嘉陵江由西北向东南流经重庆,北碚段长45公里。北碚位于嘉陵江下游,处于合川、重庆之间,是川北地区的物资经水路沿嘉陵江、涪江、渠江运往重庆的必经之路。北碚境内水系以嘉陵江为骨干,两岸接纳了多条大小支流。较大支流有左岸的明家溪、郑家溪(车盘溪),右岸的璧北河(运河)、梁滩河(龙凤溪)、山王沟。它们分别经东阳、黄桷、夏溪口、文星湾、毛背沱注入嘉陵江。山王沟则在柏鹤村西纳一小溪后转东南汇入嘉陵江。此外还有一些较大的独立小支流,如小湖溪、吴粟溪、木头溪、狮子溪、红花溪、马洞溪、童家溪。①

陆路交通被华蓥山余脉横亘,重峦叠嶂,路窄坡陡,行人在崎岖山路中穿行,颇为艰难。山间小道又常有盗匪出没,行人商贾,只好避陆就水。但水路仅有两艘运能有限的木驳航驶,"供不应求";其间也有一些小木船划来划去,载货运客,但这都不能解决合川至重庆的水运不足的问题。小木船靠人力驱动,下水尚可,上水时则船速慢、费时长,而且安全性极差,船上人员和货物的安全很难得到保障。然而想发展此间的水运也难,一来嘉陵江水流湍急,水浅石多,轮船航行有一定难度;二来山间盗匪时常下河拦截船只,勒索船

---

① 重庆市北碚区地方志编纂委员会:《重庆市北碚区志》,科学技术文献出版社重庆分社,1989,第43页。

主,一般人想办水运也顾虑重重。北碚是重庆市连接川北水陆交通之要道,有丰富的煤炭资源,自清末民初起,北碚场上下沿嘉陵江两岸,均为煤炭码头,各路客商也聚此交易。全面抗日战争时期,大批单位迁入,人口急剧上升,商业迅速发展,总之,虽然北碚的水路运输很有发展的必要,但很少有人愿意投资兴办此处的航运。

1937年全面抗战爆发后,大批机关、学校、工厂迁入四川各地,它们大都设在重庆地区周围及川江沿线各地城市或沿河之乡镇。北碚作为嘉陵江沿线重要乡镇,也吸纳了部分内迁的工厂、学校,为了便利军政人员、学校师生、工厂职工以及商旅之交通贸易,促进后方经济发展,又在各江河段上开辟了许多新航线,增设了很多小站点,其中有到达北碚的航线。据长江航政局统计,"1940年以重庆为起点的轮船,分别开至三斗坪、秭归、巴东、万县、涪陵、长寿、洛碛、木洞、大渡口、渔(鱼)洞溪、江口、江津、白沙、泸县、宜宾、合川、北碚、童家溪、柏溪、磁器口等地的航线即20条"[1]。

民生公司为满足战时需要,也开辟了以客运为主的短期航线。通往北碚的主要有两条线,重庆至北碚线,沿途停泊牛角沱、磁器口、童家溪、悦来场、土坨、白庙子等处;重庆至合川线,沿途停泊牛角沱、磁器口、童家溪、悦来场、土坨、白庙子、北碚、温泉、夏溪口、沙溪庙等处。内迁到四川的招商局也开辟了重庆周围的江津、白沙、木洞、北碚等地的短途

---

[1] 中国人民政治协商会议西南地区文史资料协作会议:《抗战时期的西南交通》,云南人民出版社,1992,第326页。

客货运输。[1]短途运输的开辟,方便了内迁各机关、学校、工厂人员与外界城镇的交通往来,来北碚开店从事商业活动的外地客商也在不断增加,促进了城乡物资交流,使北碚的城市面貌日益更新,同时支援了抗战。

嘉陵江航运的发展带动了北碚物资的集散,促进了商业贸易的发展。民国时期,北碚粮源来自南充、合川等地,运输路线主要是嘉陵江水运。[2]1936年地方建设兴起,三峡棉布成了主要出埠商品。嘉陵江航运的发展提高了粮食的运输效率,并加快了北碚对外贸易的发展。抗日战争时期,北碚三峡地区已成为抗战后方煤炭基地,有天府、宝源等煤矿30多家,年产原煤70多万吨,煤炭经由北川铁路运往嘉陵江沿岸码头后,由嘉陵江货轮运销重庆等地。沿江出煤码头有吴粟溪、草街子、夏溪口、二岩、金刚碑、黄桷镇、白庙子等7处,日运量在2000吨以上。1940年,从事水陆运输的有5262人。运输人员中,90%以上是从事煤炭及其有关物资的运输的。[3]

---

[1] 王绍荃:《四川内河航运史·古近代部分》,四川人民出版社,1989,第240页。
[2] 重庆市北碚区地方志编纂委员会:《重庆市北碚区志》,科学技术文献出版社重庆分社,1989,第323页。
[3] 重庆市北碚区地方志编纂委员会:《重庆市北碚区志》,科学技术文献出版社重庆分社,1989,第198页。

六、青北公路的建成

为了加强北碚与外地的联系以发展北碚经济,峡防局、四川公路局都曾于1936年筹建青北公路,刘德诚被委任为四川公路局青北公路工程段段长,但最终由于资金不足未能兴修。后由重庆行营驻军一六一师于1937年派兵工修建,于1939年建成通车。该路由成渝公路青木关分岔,经双凤桥、歇马场、天生桥至北碚,全长22.7公里。[1]

青北公路的建成结束了北碚没有公路的历史,开启了北碚客运业的发展。1939年北碚至青木关的公路建成后,北碚开始有了客车运输,"每日有通往青木关的客车4班,通往重庆的客车5班,由吉昌运输公司和北碚游览车站经营"[2]。青北公路的建成和客运运输的发展,方便了战时人员的疏散流转,便利了内迁机关、学校、厂矿的工作交流,保证了各行业机构的正常运转,1939年5月15日,行驶于重庆市至歌乐山、重庆市至青木关、重庆市至北碚和青木关至北碚等段的特约校车和公务班车开通,其中来往北碚的短途公务车方便了北碚与其他区之间的联系。第二年,新成立的迁建区运输办事处又新开辟了来往北碚的短途客运路线,方便了北碚与各迁建区之间的联系。1940年3月,交通部又成立了迁建区运输办事处,开办了各迁建区之间的短途客运线路。其主要

---

[1] 中国人民政治协商会议西南地区文史资料协作会议:《抗战时期的西南交通》,云南人民出版社,1992,第225页。
[2] 重庆市北碚区地方志编纂委员会:《重庆市北碚区志》,科学技术文献出版社重庆分社,1989,第283页。

线路有七星岗到青木关、青木关到北碚、青木关到丁家坳等。[1]青北公路还为各机关厂矿往来重庆与北碚考察提供了方便,根据档案资料,1944年,兵工署第十工厂的工程师黄肃等10人为兵工署第十工厂考虑煤炭供应商,就曾欲通过青北公路前往北碚和青木关等处参观各大煤矿厂。

至抗战后期,青北公路出现了部分路面损坏、需要修理的情况。1944年青北公路的北碚站拟迁新车站,而新车站和老车站之间的路面、路基损坏不堪,若是持续雨天,则难以通行,北碚管理局致函交通局公路总部,请予拨发整修费进行整修工作。[2]

另外,青北公路的通车也促进了沿线乡镇集市的扩大和商业贸易的兴旺。在青北公路通车后,北碚的天生桥集市的住户日渐增多,经过1938年至1939年市镇大建设,商业贸易兴旺起来。[3]另有歇马场,其原是古过境骡马食宿站,1939年青北公路建成,促进了歇马地区集市的发展,成为北碚草帽生产区和集散地,行销数十个县。

---

[1] 朱培麟、张维全:《重庆交通史》,重庆出版社,2009,第305页。
[2] 《关于检送青北公路新车站至老车站段路面修整计划与预算书请予拨发整修费致交通部公路总局的公函(附计划、预算表)》,1944年12月,重庆市档案馆藏,档案号:0081000403208000033034。
[3] 重庆市北碚区地方志编纂委员会:《重庆市北碚区志》,科学技术文献出版社重庆分社,1989,第301页。

第五章 科学的中心

1937年,全面抗日战争爆发,日本对中国的科研机构进行了大肆破坏,给原本基础就十分薄弱的科研事业带来了一场前所未有的劫难。在抗战救亡的时代使命感召下,为免科研设备落入敌手,保存科研实力和支援抗战,全国先进的科研机构走上了向内地迁移的道路。他们历经曲折,克服万千磨难,迁至原本全国科学技术最薄弱的大后方地区。不仅给大后方带来先进科研机器,更把现有的科研技术人才带到西部,直接服务于地方经济开发与建设,积极服务国防,支援抗战。

1930年,卢作孚在重庆北碚创建了中国西部第一个综合性科研机构——中国西部科学院,并对以川康为重点的西部地区开展了一系列生物、理化、农林、地质的调查研究,取得了令世人瞩目的成果。全面抗日战争爆发后,由于重庆成为战时首都,人口剧增,又面临着日军飞机的轰炸,大批西迁的科研机构居无定所,在卢作孚和中国西部科学院的帮助下,一大批东部地区的科研机构和科学工作者内迁北碚,中国科学文化的国脉和精华得以在北碚保存和延续,北碚也因此成为大后方科技文化中心,中国西部科学院成为大后方科技事业的"诺亚方舟"而永载史册。[①]1930—1936年,各项事业蒸蒸日上,是西部科学院发展的最好时期。在19年的发展历程中,中国西部科学院成为四川及其相邻地区的重要科学机构,为战时科研学术机构的内迁创造了便利条件,也为中国现代科学事业的兴起做出了重要的贡献。

---

① 潘洵、彭星霖:《抗战时期大后方科技事业的"诺亚方舟"——中国西部科学院与大后方北碚科技文化中心的形成》,《西南大学学报(社会科学版)》2007年第6期。

一、中央研究院的四个研究所

卢沟桥事变爆发后,中央研究院部分机构未雨绸缪,开始筹备内迁事务。中央研究院代理总干事傅斯年多方求助,向湖南省政府主席何键及湖南省教育厅厅长朱经农借得房屋49间,又联络美国大使馆租赁湖南圣经书院长沙韭菜园及南岳校舍部分房屋,用于筹备长沙工作站,为此后中央研究院的大规模整体内迁提供了一个临时基地。

1937年8月13日,淞沪会战爆发,位于上海、南京两地的中央研究院各研究所首当其冲,直接暴露在侵华日军的空袭范围之内。随着日军对南京的轰炸愈演愈烈,中央研究院气象、物理、心理、动植物研究所的内迁工作便紧锣密鼓地展开。

1937年8月,心理研究所整理较重要的图书、仪器27箱运往长沙;另挑选一部分运往汉口;其他未及内迁之仪器借给南京其他机构使用,于南京沦陷后散失无存。[1]所中部分

---

[1] 中央研究院:《国立中央研究院概况:1928—1948》,中央研究院,1948,第332页。

人员暂时遣散,6人停薪留职,9人先后到达长沙。①

1937年8月底,动植物研究所将剩余急需的仪器、图书、药品24箱,由该所助理员朱树屏运至长沙。②为便于运输,动植物研究所与社会科学研究所在柳州、六寨、贵阳三地联合设立办事处,分段办理物资的运输及存储事宜。③1938年底,广州、武汉相继沦陷,桂林频繁遭受空袭,科研工作难以开展。为此,1939年1月,该所从广西阳朔出发,途经贵阳、遵义、江津,于同年5月抵达北碚。④动植物研究所成为中央研究院迁入北碚的第一个研究所。

1937年8月21日,气象研究所将研究、行政、统计及天气预报等机构迁至金陵女子文理学院文学馆暂避。所内人员就内迁一事各持己见,天气预报员卢鋈、幺振生等主张留在南京,无线电员何清隐、樊翰章等则要求迁往武汉,代理所长吕炯则以身体不适为由回无锡老家养病,将气象所事务全部托付于涂长望。一时间,气象研究所群龙无首。此时,国民政府部分机关已撤离南京迁往汉口,气象研究所所长竺可桢当即决定将研究所随政府内迁汉口。8月底,气象研究所梁实夫、萧望山、蔡秉久、杨鉴初、余树声、李祥璠、朱翠芳、吴其瑞、杜清寰等人先后离职他去,涂长望说服其余同

---

① 《中央研究院长沙工作站及南岳工作分站筹设组织经过报告及有关文书》,中国第二历史档案馆藏,档案号:393/1484。
② 《中央研究院长沙工作站及南岳工作分站筹设组织经过报告及有关文书》,中国第二历史档案馆藏,档案号:393/1484。
③ 《社会科学研究所工作报告》,中国第二历史档案馆藏,档案号:393/1374。
④ 中央研究院:《国立中央研究院概况:1928—1948》,中央研究院,1948,第161页。

事分批行动,组织张宝堃、何元晋、樊翰章、王毅、陈士毅、钱逸云、赵海、陈五凤、陈俊玉、曾树荣、金咏深、宋兆珩等12人押运图书、仪器120余箱于9月2日启程前往汉口,4日抵达,租赁扬子街广东银行四楼为临时办事处。幺振生、卢鋈、陈学溶、曾广琼等4人加入航空委员会,薛铁虎、李恒如、郭晓岚、徐延煦留守南京继续进行气象观测及绘图工作。[1]气象研究所在江西省立农业院所存图书、仪器39箱,也于10月初由金咏深运赴汉口。[2]12月底,气象研究所科研人员21人及其图书、仪器搭乘民生公司轮船前往重庆,租赁通远门兴隆街19号为临时办公地点。1938年3月初,气象研究所又改租重庆曾家岩中四路139号"颖庐"二楼为所址,房屋10间,事务、统计、制图、发报办公室各一间,图书室两间,其余为职员宿舍。[3]身处重庆闹市的气象研究所也饱受轰炸之苦,被迫疏散。1939年5月,"五三""五四"大轰炸过后,气象研究所无暇思索,就近迁移,在北碚测候所赵鹏飞的帮助下,陆续将总务、气候及高空等部分工作迁至北碚租屋办公。嗣后由卢作孚协助解决电力等问题,又于同年10月将无线电广播与天气预报迁往该处。12月,气象研究所在北碚近郊水井湾象山购买基地约5市亩用于永久所址建设,陆续建成办公室、图书馆及职员宿舍等5幢,并于1941年元旦迁入新所

---

[1] 温克刚:《涂长望传》,当代中国出版社,1997,第145—147页。
[2] 竺可桢:《致九江海关函稿》(1937年10月6日),载《竺可桢全集》第23卷,上海教育科技出版社,2023,第490页。
[3] 《致昌烔函》(1938年1月31日),中国第二历史档案馆藏,档案号:393/2877。

址。[1]于是,气象研究所继动植物研究所之后,成为中央研究院迁入北碚的第二个研究所。

战时位于北碚的中央研究院(剑桥李约瑟研究所藏)

1938年7月,日军空袭桂林,位于桂林环湖东路的地质研究所与物理研究所办事处在轰炸中坍塌过半,所幸无人伤亡。[2]同年底,广州、武汉相继沦陷,桂林频繁遭受空袭,科研工作难以开展。位于桂林的物理研究所的地磁和无线电部分又经柳州迁往三江县丹州工作站。1939年10月中旬,广西省政府所建设的桂林科学实验馆在桂林良丰雁山村落成,心理研究所与该馆合作,将办事处陆续从丹州迁入科学实验馆,物理研究所的地磁和无线电部分则继续留在丹州工作站。1939年9月,长沙会战、桂南会战接踵而来,尤其是欧战爆发后,日军伺机南进,以及1940年6月英国封锁滇缅公

---

[1]《气象研究所工作报告》,中国第二历史档案馆藏,档案号:393/1372。
[2] 陈群等:《李四光传》,人民出版社,1984,第126页。

路,昆明形势愈发紧张。1940年8月,重庆国民政府建议昆明各中央文化教育机关立即疏散。位于昆明的中央研究院史语所和社会研究所迁往四川南溪县李庄镇,物理研究所也计划迁往四川,后因运输困难、经费有限而作罢。为工作便利起见,仅将物理研究所昆明部分于1940年11月陆续迁往桂林良丰,并在桂林科学实验馆附近的雁山西坡购地87亩用于地磁台建设。[1]同时将留在上海的仪器工厂于1941年初运抵桂林,在桂林四会街12号设厂址,部分机器于同年4月装置就绪,却于同年8月再次被日机轰炸。此后,物理所奉命与英国在香港合办军用光学器材厂,所长丁燮林带领工厂主任及应用光学部分人员先后赴港,一部分仪器、材料、书籍也用于充实该厂设备。物理研究所自抗战初期分处上海、桂林、昆明的局面方告结束。[2]

1944年6月,中日双方激战长沙、衡阳之际,中国军队败绩初现,桂林告急,中央研究院物理、心理、地质研究所被迫再次筹备迁移。7月底,中央研究院院长朱家骅电令桂林三所迁往贵州安顺、贵阳,迁移费由资源委员会拨付,各所立即分头行动。物理研究所随即派人前往独山、贵阳、安顺预先布置。心理研究所因人手不足,将全部物资托付予物理研究所运输。8月7日,物理、心理二所的图书、仪器、机械等物资由湘桂铁路局调拨车皮两节运离桂林,职员、眷属随所西

---

[1]《中央研究院物理研究所工作计划》,中国第二历史档案馆藏,档案号:393/2741。
[2]《中央研究院物理研究所工作计划》,中国第二历史档案馆藏,档案号:393/2741。

行，于15日到达广西金城江。物理研究所所长丁燮林于物资离桂后飞往重庆负责与各方接洽。经多方联络，由锡业管理处与资源委员会运务处将物资11吨从金城江运至贵阳；其余物资155箱约40吨搭载黔桂铁路局美军军火列车向贵州进发，历时20余日仅前进28公里。此时，日军已迫近金城江，黔桂铁路局人员全部撤退，物理研究所押运者不得不弃车而去，列车被中国军队炸毁，所载物理、心理研究所物资损失殆尽，物理研究所大部分为图书、磁学仪器、工厂机器、金属实验室、无线电器材等，这是中央研究院抗战内迁途中所遭受的最为严重的损失。11月初，物理、心理二所又奉令迁往北碚，物资、职员及眷属于1944年底先后到达。

至此，中央研究院气象、动植物、心理、物理各研究所历经艰险后在北碚会师。

战时位于北碚的中央研究院人员合影（剑桥李约瑟研究所藏）

二、黄汲清与中央地质调查所

中央地质调查所是中国近代历史上建立最早、成果最丰富的地质调查和科学研究机构,在中国近代科技史上占有重要地位。全面抗日战争爆发后,由于翁文灏在国民政府身兼要职,中央地质调查所由黄汲清代理所长职务,他先后组织中央地质调查所内迁长沙、西迁北碚。内迁后的中央地质调查所为抗战的胜利、中国地质学的长期发展以及推动中国地质区域研究等方面做出了突出贡献。

黄汲清,1904年出生于四川省仁寿县的一个书香世家,自幼受到良好的教育。1921年考入天津北洋大学补习班,1924年转入北京大学地质系,受到王烈、李四光以及A.W.葛利普等教授的教诲,学业优良,1928年毕业。1928—1932年在中央地质调查所工作,随同葛利普教授专门研究中国石炭二叠纪。1932年接受中华教育文化基金会的选派去瑞士留学,先入瑞士伯尼尔大学地质学系;1933年转入浓霞台大学,受教于著名构造地质学家E.阿尔冈教授,专攻构造地质学;1935年,获得理学博士。随之他以石油地质为重点,考察了欧洲各国后,于1936年回国。回国后在中央地质调查所任职,1937年担任代理所长职务,同年参加在莫斯科举行的第17届国际地质大会(IGC),并专题考察了巴库等油气田。1938年被任命为所长;1940年为专事地质研究工作辞去所长职务,赴甘肃、宁夏、青海、新疆等边远地区考察石油地质。这段时间内曾先后兼任中央大学、重庆大学、北京大学地质学系教授；1947年回中央地质调查所工作；1948年当选为中央研究院院士。

新中国成立后，黄汲清于1950年任西南地质调查所所长、西南地质局局长，1951年任中央地质工作计划指导委员会委员，1951年任地质部石油局总工程师、石油工业部顾问，1955年当选为中国科学院地学部委员（院士），1957年任地质部地质研究所副所长，1958年任地质科学研究院副院长，1982年任地质科学院副院长、名誉院长。同时他也是许多外国科研机构的荣誉会员、院士，有1980年瑞士联邦理工学院授予其名誉博士学位，1985年美洲地质学会授予其名誉会员，1988年苏联科学院授予其外籍院士，俄罗斯科学院授予其外籍院士等。①

1937年11月中旬，国民政府命令各机关迁移。中央地质调查所仓促奉令，全部动员，于16—18日3天内，将图书馆、陈列馆、各办公室、化学试验室及土壤室的重要物件，昼夜赶工装箱，于18日将202个已装箱件运赴南京下关。南京旋告紧急，代理所长黄汲清组织中央地质调查所内迁长沙。长江航运吃紧，中央地质调查所紧急装箱的202箱重要书刊积压下关码头难以启运。黄汲清求助于当时兼任行政院秘书长的翁文灏，翁文灏找到民生轮船公司总经理、中国西部科学院院长卢作孚商洽，使其迅速装船，12月全部运抵长沙。1938年7月，武汉告急，中央地质调查所再次搬迁，先落脚在重庆市内，后因避免空袭，再度搬迁，最后落脚北碚。

---

① 吴凤鸣：《黄汲清在中国地质学史研究上的成就与贡献》，《河北地质学院学报》1996年第1期。

中央地质调查所迁入北碚后，卢作孚倾力相助，借出西部科学院办公楼作该所办公场所。1939年春，卢作孚又在西部科学院院内借出地皮为其新建办公大楼。为图书仪器安全起见，并因新建大厦（指办公楼）不敷应用，特于北碚近郊青岗坡地方建一新楼，下层为图书陈列及阅览室，上层为土壤研究室及古生物研究室，1939年开建，1940年建成。另外，1938年成立的昆明办事处因滇越边界时局日紧，1940年10月起取消，并入北碚总所，重要标本、图书、仪器和大部分工作人员迁碚，在天生桥租一小楼，为第三办公室，计房屋六大间，楼上为新生代研究室和宿舍，楼下为化学试验室。

战时位于北碚的中央地质调查所图书馆
（剑桥李约瑟研究所藏）

1941年12月14日，代所长尹赞勋在中央地质调查所25周年纪念会上指出：

黄汲清先生受命于抗战之初,于艰苦之中,领导同人继续工作,迄无间断,又将大批图书标本仪器材料,一再迁运,而达后方较为安全之地带,厥功甚伟。

在黄汲清、尹赞勋和李春昱三位所长的努力下,中央地质调查所在战时保存了大量图书资料、研究设备,汇聚了一大批杰出的地质工作者,在战时的恶劣环境中使中央地质调查所的各项工作得以重建,并开始了战时相对稳定的科学工作,调查矿产、土壤、古生物,倾注全力于西南资源的研究,成为战时国内矿产资源调查研究的中心,为抗战的胜利以及后方地质事业的发展做出了重要贡献。比如,因地质调查工作中所采集的化石、标本以及内迁的各类图书杂志无处安放,中央地质调查所又于1940年在北碚鱼塘湾新建了一座两层小楼作为图书馆。1943年,李约瑟参观中央地质调查所图书馆后也赞叹道:"这是我在自由中国所见到的最大、藏书最丰富的图书馆。"[①]

"中国第一个名副其实的科研机构"——中央地质调查所在北碚的继续研究工作,使地质学这门中国近代率先兴起、成就最大的自然科学的科研血脉得以传承,并与其他内迁北碚的科研单位一道,形成科学事业中心,共同构成战时内地科学之大观。

---

① 李约瑟、李大斐:《重庆的科学(1943)》,载《李约瑟游记》,余廷明等译,贵州人民出版社,1999,第97页。

三、钱崇澍与中国科学社生物研究所

1933年8月20日,中国植物学会在北碚宣告成立,钱崇澍为该学会的评议员。翌年,他又被选为《植物学杂志》(《植物学报》前身)的编辑,此后他一直是中国植物学会的领导人之一。全面抗日战争爆发后,钱崇澍托杨衔晋将家属送往上海,自己随所迁往北碚。

钱崇澍(1883—1965),号雨农,浙江省海宁县路仲人(今海宁市斜桥镇),植物学家、教育家,中国近代植物学的奠基人与开拓者之一,中国植物分类学、植物生理学、地植物学、植物区系学的创始人之一。毕生从事植物学研究、教育和组织工作,对难度较大的兰科、荨麻科、豆科、毛茛科等植物的分类进行了系统研究,培养了许多植物学人才,对中国近代植物学的开拓和发展做出了重大贡献。

1937年8月,南京遭到空袭。为保存中国科学社生物研究所初步形成的科研队伍,钱崇澍、秉志共同商议迁所大计,最终决议迁往北碚。在迁碚途中,该所83箱图书阻隔于嘉兴,当时去往重庆的轮船大多拥挤不堪,竺可桢受托指派唐慧成到泰和提取这些书籍,浙江大学负责护送,拟由汉口转渝,但因汉口形势迅速转为紧张,只好转道广西或湖南,在电询过钱崇澍之后,经萧山、建德、泰和几度停转,终运抵北碚。

1937年9月,中国科学社生物研究所全部移西部科学院办公。1938年6月29日,中国科学社召开理事会,会上报告了竺可桢帮助中国科学社生物研究所运存珍贵书籍之事，并通过理事会致函道谢。但到达北碚的中国科学社生物研究所依旧损失惨重，其中尤以书籍损失最大，杂志幸得保存，其中有98种为全套，而其中又以1787年的一套最为珍贵。中国科学社生物研究所迁到北碚之后，借中国西部科学院的房舍和部分设备开展工作。受战时条件制约，中国科学社生物研究所经费严重不足，难以应对战时日益严重的通货膨胀，物价暴涨使原本就十分拮据的科研经费更加紧张。

四、顾毓瑔与中央工业试验所

1928年，国民政府以北伐刚刚完成，国家财政极感困难，命令工商部会同铁道、卫生两部统筹设立一个试验所，以便节省费用。之后，经过三部会商，认为工业试验所的目的和性质与铁道、卫生两部的试验机关不同，不便统一设立。因此，迟至1930年1月才呈奉准单独筹设，并由张泽尧（任筹备主任）、吴承洛、张可治、施行如等人负责筹备工作。

1930年7月，中央工业试验所正式成立，首任所长为徐善祥，后任所长分别为吴承洛、欧阳仑、顾毓瑔。该所最初隶属于工商部，1930年12月，因工商部撤销，遂改隶属于实业部，以南京水西门外原江南造币厂旧址为所址。

顾毓瑔（1905—1998），江苏无锡人。1927年上海交通大学机械系毕业；1931年获美国康奈尔大学机械工程博士学位；1931—1941年任中央大学机械系教授；1934—1948年任中央工业试验所所长,兼任该所机械实验工厂厂长;1935年与庄前鼎、杨毅等人士发起筹备中国机械工程学会,1936年5月学会正式成立后担任理事;1938—1948年任中国工程师学会董事、总干事;新中国成立后,任上海纺织工业局高级工程师、中国纺织机器制造公司总经理等职,期间设计制造出中国第一套机械化铸工工场设备。[1]

1937年,全面抗日战争爆发后,中央工业试验所奉命西迁。在卢作孚的帮助下,于1937年11月搬迁至北碚,借用北碚中国西部科学院的院址办公。

1938年初,实业部改为经济部,该所亦奉令改隶经济部。同年3月22日,国民政府公布《经济部中央工业试验所组织规程》,又于6月13日公布《经济部中央工业试验所组织条例》,明确规定中央工业试验所隶属于经济部,掌理考验工业原料,改良制造方法,鉴定工业制品等事项。该所下设酿造、纤维、胶体、油脂、制糖、盐碱、纺织染、材料、动力、电气、化学分析等试验室,并可因试验上的必要而附设实验工厂。在人事方面,条例规定:设所长1人,简任;技正6至10人,其中2人简任,其余荐任;事务主任1人,荐任;技士10至16人,其中6至8人荐任,其余委任;技佐10至16人,事务员4至8人,均由所长递请经济部委任。此外,该所还可聘用特约研究员,以及酌用雇员并招收练习生和学徒。

依照条例的规定,该所西迁后积极进行恢复和重建工

---

[1] 孙智君:《民国时期学者、技术官僚顾毓瑔的工业化思想研究》,《贵州社会科学》2013年第11期。

作。最先借用北碚西部科学院的院址办公，嗣因业务进展，在重庆市上南区马路194号设立总办事处，内设秘书、文书、会计、庶务、出纳及工业经济研究等6室，后改为秘书、技术、事务、业务、会计及人事等6室，并陆续在北碚、盘溪等处购地建房，为各试验室和实验工厂使用。在交通险阻、物资缺乏、财力日绌、极度困难的情形下，仍惨淡经营，推进工作，以适应军事民生的需要，更以此配合国防计划的推行。此间，先后成立17个试验室、11个实验工厂、3个推广改良工作站，有各类工作人员约200人。在17个试验室中，偏重工业原料与材料的研究与试验的有：工业原料分析室、机械材料试验室、木材试验馆、汽车燃料试验室；偏重工程与方法的研究与试验的有：电气试验室、热工试验室、动力试验室、机械设计室；偏重工业制造的研究与试验的有：胶体试验室、纤维试验室、酿造试验室、陶业试验室、油脂试验室、纯粹化学药品试验室、制糖试验室、盐碱试验室和纺织染试验室。11个实验工厂是：机械制造实验厂、电工仪器实验厂、制革鞣料示范实验厂、纤维实验厂、淀粉及酿造示范实验厂、陶业示范实验厂、油脂实验厂、纯粹化学药品制造实验厂、盐碱实验厂、纺织实验厂、木材加工实验厂。3个推广改良工作站是：内江制糖工业推广工作站、梁山造纸推广工作站、南川陶业推广工作站。据1941年2月统计，该所主要的研究、改良和推广的项目多达346项。对原料的研究试验，技术的改良推广，成品的鉴定改进等均有成就，一定程度上适应了战时各方面的需要。[1]

---

[1] 王俊明：《民国时期的中央工业试验所》，《中国科技史料》2003年第3期。

战时位于北碚的中央工业试验所(剑桥李约瑟研究所藏)

由于战时各种物资缺乏,中央工业试验所的科研活动以解决国防工业生产各种问题为主要任务。中央工业试验所对中国的抗战和工业发展做出了重要贡献。除了为抗战提供物资,中央工业试验所还为重庆带来东南沿海地区一流的工业技术和设备,对重庆旧有工业技术进行改良,改变了重庆工业的落后面貌。

其一,该所的科研活动以解决国防工业生产各种问题为主要任务。该所成立不久,"一·二八"抗战爆发,因为感到防毒面具所需的活性炭十分缺乏,着手研究制造活性炭,并请实业部电请南洋群岛各地华侨捐送椰子壳以作活性炭原料,虽然未制造很多产品,但研究工作从此开始。此后,经过连续五年的研究,成绩颇为显著,到全面抗日战争爆发时,该所即利用"一·二八"时捐来的椰子壳制造合格的活性炭，在短短的三个月中就制造了1500磅，装配了24000具防毒面具。

液体燃料是近现代战争的必需品，全面抗日战争爆发后，因大后方汽油供给困难，动力酒精一跃成为主要交通燃料，官商各界无不使用酒精替代汽油。然而，代替汽油作混合燃料的酒精浓度须在98%以上，一般酒精工厂出品的酒精浓度，往往不能超过95%，所以高浓度酒精的制造，实为施行酒精代汽油办法的先决条件。为此，自1938年夏，该所专门成立了攻关小组，由顾毓珍负责，先后有庞芳柏、傅天乔、郭益达、黄彬文、方景依、陈家仁、秦为仁等参加试验。专家们对甘油脱水法与希亚法均做了系统的试验。1938年10月，顾毓珍发明了无水酒精制造法，即用循环式氯化钙法制造高浓度酒精的方法，其特点为第一脱水方法所用的脱水剂氯化钙可以从四川省盐业中的蕯巴内大量提取，至此，高浓度酒精的制造，在大后方已无问题。

此外，耐火材料、醋酸、皮革等一系列的研究试验，无一不是围绕着国防建设、战争需要进行。一时之间，用于飞机、汽车喷漆的硝化棉喷漆，铁路车辆用的汽油缸、地轴油，铁道枕木防腐剂，油矿采油用特种机件，缩合性桐油，电线橡皮，以及回收木炭窑废气制造醋酸、丙酮等研究和试制工作立即成为该所的"新兴事业"。

其二，参与国民经济建设运动。在国民经济建设运动中，该所"充当了工厂工业的顾问工程师、手工业的指导者"。在当时，中国民营工厂遇到的问题繁多，而中国固有手工业的问题则更多。对此,该所采取了研究、改良和推广相结合的方法,以解决工业、手工业面临的各种技术困难,以适应国计民生所需。四川的自贡有"盐都"的美誉,内江则是著名的糖城,因此,盐业和制糖成了该所改造传统工业的首选对象。在盐碱工业方面,该所针对旧式炉灶热能消耗过大的缺陷,设计了一种塔式炉灶,对旧灶略加改建,添建塔炉,利用其烟囱余热,浓缩卤水,再行煎盐,由此可增加卤水浓度3到5度,节省燃料20%至40%,可增加产量20%至80%。此外,将旧式炉灶本身加以改建加长,添置温锅入口,称为牛尾式,利用其灶围外热,浓缩卤水,在卤水原有浓度在15度以上时,此炉成绩最好。从其推广看,以该所在富荣实验盐厂及东西两场所建塔炉灶为例,东场卤水较浓,每担盐较旧灶可减少成本14.97元,每连灶每年可节省7万余元;西场卤水较稀,成效更大,每担盐较旧灶可减少成本21.5元,每连灶每年弥俭可达10万余元。

在制糖工业方面,该所针对旧法制糖的缺点,经反复试验,设计制造了新型制糖机——手摇离心机。1940年该所监制第一批离心机甲种15部,乙种50部,大部推广于内江一带,另外也有少数离心机销往重庆、贵州一带。这种离心机采用手摇,使用简易,便于普及推广。经糖厂使用表明,离心机制糖因出糖迅速,产品洁白,白糖产率高,而获利优厚,约超过土法制糖的一倍。[1]

---

[1] 王俊明:《民国时期的中央工业试验所》,《中国科技史料》2003年第3期。

五、沈宗翰与中央农业实验所

中央农业实验所是民国时期中国农业技术研究的最高机关。1931年4月25日,国民政府命令实业部次长穆湘玥组织成立"中央农业研究所筹备委员会",由穆湘玥、钱天鹤分别担任正、副主任,筹备委员包括邹秉文、谢家声、沈宗翰等14人。委员会拟定该研究所负责全国农业研究、改良与推广等事业。嗣后因戴季陶提议改"研究"为"实验",以体现该所注重"实用"的"实验",而非局限于单纯的理论"研究"。"中央农业实验所"之名由此而来。

沈宗翰(1895—1980),浙江余姚人。农学家、作物遗传育种学家、农业行政管理专家,美国康奈尔大学博士。1927年,回国后执教于金陵大学;1934年,转任中央农业实验所总技师兼农艺主任;全面抗日战争爆发后,举家西迁,初到贵阳,继转重庆;1938年,执掌中央农业实验所,升任中央农业实验所所长兼麦作杂粮系农艺主任,对大后方粮食生产有诸多贡献。著有《中国农业资源》《中华农业史论集》等专著。

全面抗日战争爆发后,南京多次遭受日军空袭,中央农业实验所被迫内迁。1937年8月至11月下旬,中央农业实验所内职员将图书、仪器、公文档案及其他设备4000余箱分三批迁往长沙,并在此设立办事处。不久,长沙遭日军空袭,亦非久留之地。经所内人员商议,中央农业实验所采取化整为零的方式分头西迁,一部分前往桂林、柳州,另一部分则前往贵州、四川。

1938年1月,为适应战时需要,国民政府进行机构调整,实业部改为经济部,下设农林司,专门负责农桑、林业、渔牧、棉业、农业经济、农村合作事宜,并将中央直属各农业机关和各省棉产改进所都并入中央农业实验所,以总理全国农业改进工作。合并进入该所的机构计有:中央种畜场及石门山分场、西北种畜场及崧山分场、全国稻麦改进所、中央模范林区管理局;全国蚕丝改良委员会和棉业统制委员会主办的中央及地方附属机构——南京蚕桑改良场、杭州分场、阆中分场、杭州桑苗圃、四川省蚕桑指导所、浙江海宁蚕桑指导所、华南蚕桑改良场、烟台蚕桑改良委员会、中央棉产改进所、河南棉产改进所、山西棉产改进所、陕西棉产改进所、湖北棉产改进所、河北棉产改进会、江苏棉产改进处、甘肃省植棉指导所、山东省植棉指导所等。[1]中央农业实验所与农林司密切联系,成为全国农业技术的最高研究所。

同时,中央农业实验所奉命迁往重庆,最初在千厮门水巷子租赁民房办公,后因房屋狭窄,又改租江家巷。同年11月,因日机轰炸重庆,中央农业实验所计划迁居乡间。1939年2月,中央农业实验所迁往四川荣昌宝城寺,行政部门则留在重庆化龙桥三江村,并在四川、云南、湖南、贵州、广西建立工作站,除蚕桑系16人、农业经济系8人和部分行政人员暂留重庆,其余人员都被派往各省协助改进农业,推广良种,发展生产,以适应战时需要。荣昌也成为该所的技

---

[1]《本所沿革及西迁经过》,《中农所简讯》1939年第9期。

术研究实验基地。[1]1941年,中央农业实验所又陆续增设河南、陕西、甘肃工作站,逐步成为大后方农业发展的总指挥。

1940年7月,国民政府成立农林部,专门负责农事生产。8月,中央农业实验所改隶于农林部,所长谢家声告假,副所长沈宗翰代行所长职务,所内委任职员共139人。同年11月,中央农业实验所在荣昌设总场,并进行农事实验。然而,自内迁以来,中央农业实验所科研人员散布于西南各省,缺乏适宜的场地,加之荣昌本所缺少技术人员,各项研究实验工作无法开展,只能交给各省工作站。沈宗翰便向农林部建议在北碚筹设规模较大的农场,将中央农业实验所人员集中于一处,恢复南京时期的状态,将中央农业实验所建设成为西南农作研究改进工作的中心。[2]

沈宗翰之所以选择北碚,是由于此处附近产稻麦杂粮等食用作物,油桐、桑、茶、棉、麻等经济作物,以及柑橘等果树,适宜建设西南试验总场。北碚地方建设日趋完善,水电设施齐全,可以满足中央农业实验所杀虫剂研究制造和土壤肥料分析研究的需求。加之北碚学术氛围良好,有中央研究院气象研究所、动植物研究所、中国科学社生物研究所、中央地质调查所等机构,水陆交通便利,是建立永久所址的理想地点。于是,中央农业实验所在北碚天生桥附近勘定田地350亩,建设农场、田地、房舍,并于1942年7月正式从荣昌迁往北碚。

---

[1] 沈宗翰:《抗战时期的粮食生产与分配》,载薛光前主编《八年对日抗战中之国民政府》,商务印书馆,1978,第209-211页;《本所设立各省工作站情况》,《中农所简讯》1939年第9期。

[2] 沈宗翰:《中年自述》,黄山书社,2011,第239页。

六、朱家骅与中国地理研究所的创建

全面抗日战争爆发后,先前去往海外研习地理学的留学生陆续回国,国内各大学地理学系也培养了不少毕业生。然而,这些难得的地理学人才却面临着严重的就业难题。于是,朱家骅开始思考如何"筹设一纯粹的学术机关,举办区域考察",一则为地理学人提供稳固的研究平台,为抗战事业贡献力量;二则在全国范围内开展实地考察,以解决地理学教育中实地考察不足之顽疾。而成立地理研究所所需经费,恰好可以由他担任董事长的管理中英庚款董事会提供。于是,中国地理研究所便应运而生。

朱家骅(1893—1963),字骝先,浙江吴兴人,中国近代政治家。早年就读于上海同济德文医学堂(同济大学前身)。1914年留学德国柏林矿科大学。1917年回国,任教于北京大学。后赴瑞士、德国继续深造,获地质学博士学位。1929年当选国民党中央执行委员和中央政治会议委员。1931年起历任国民政府教育部部长、交通部部长、浙江省政府主席等职。1939年任国民党中央组织部部长。1944年再任教育部部长。1948年任行政院政务委员。1949年任行政院副院长,同年去台,任"总统府"资政。

1940年8月,朱家骅提议创建的中国地理研究所正式成立,所址设在重庆北碚,黄国璋任所长,内设自然地理组、人生地理组、大地测量组、海洋组。[1] 1941年12月,朱家骅捐

---

① 湖北地震局:《湖北省地震局 中国地震局地震研究所大事记 1978—2018》,华中科技大学出版社,2018,第370页。

款筹建北碚复旦大学校内的登辉堂。[①] 1942年5月,在朱家骅努力下,中央研究院的气象、物理、心理三所成功迁至重庆北碚。[②] 1946年9月20日至26日,在重庆中央图书馆召开"全国教育善后复员会议",朱家骅负责战时教育复员工作,复旦大学留下小部分师生在北碚成立相辉学院。[③]

1939年,管理中英庚款董事会通过朱家骅的提议,资助创办地理研究所。同年12月,朱家骅邀请黄国璋筹设中国地理研究所。1940年8月1日,中国地理研究所在北碚正式成立,中国近代第一个地理学专门研究所就此诞生,其也是中国最高的地理学研究机关,标志着中国现代地理学研究步入正轨。[④]

中国地理研究所成立后,由黄国璋担任所长一职,负责研究所事务,其组织结构大体分为行政与研究两部分。行政方面,所长以下设干事一人,辅助所长处理日常事务,设文牍员、事务员、会计员、图书管理员等负责具体事务。地理研究所设有所务会议作为最高决策机关,由所长、各组主任、专任研究员组成,负责决议所内预算编造、章程修改、年度工作计划拟定等重要事务。研究方面,中国地理研究所下设自然地理、人生地理、大地测量和海洋四组,分别由李承三、黄国璋、曹谟、马廷英担任各组主任。各组设研究员、副

---

① 复旦大学档案馆:《桃李灿灿 黉宫悠悠 复旦上医老校舍寻踪》,复旦大学出版社,2015,第88—89页。
② 沈石铭:《孙中山与湖州人》,团结出版社,2001,第483页。
③ 李晓雨:《我不入地狱谁入地狱 民国文人从政高官升迁路线图》,台海出版社,2013,第290页。
④ 李承三:《中国地理研究所的六年和将来》,中国地理研究所,1946,第1页。

研究员若干人，担任研究、考察、测绘工作，并设助理研究员、助理员、技术员、技术生，协助各项工作。全所共有研究人员四五十人，"可谓极一时之盛"。

北碚时期中国地理研究所实地考察项目表[1]

考察项目	人员	时间	成果
嘉陵江流域考察	林超、李承三、楼桐茂、周廷儒、郭令智、孙承烈、高泳源、王成敬	1940年11月1日—1941年8月	《嘉陵江流域地理考察报告》
汉中盆地考察	王德基、陈恩凤、薛贻源、刘培桐、黄绍鸣	1940年11月8日—1941年5月	《汉中盆地地理考察报告》
川南滇北考察	李承三	1940年1月	《叙昆铁路北段游记》
国立编译馆之广汉地理调查	周立三	1941年	不详
灌县都江堰附近地理考察	李承三、王成敬	1941年春	《灌县都江堰附近之今昔地理》
福建省东山岛海洋考察	马廷英、唐世凤、成荫	1941年9月3日—1941年10月7日	《东山岛海洋观测通讯》
北碚北川铁路沿线煤田考察	杨克毅、钟功甫	1941年11—12月	《北川铁路沿线煤矿区区域地理》
农林部青甘考察团	陈恩凤、冯秀藻	1941年	不详
西北史地考察	李承三、周廷儒	1942年4—10月	《甘肃青海地理考察纪要》

---

[1] 该表格整理自吴传钧：《施雅风中国地理学90年发展回忆录》，学苑出版社，1999，第238-252页；李承三：《中国地理研究所的六年和将来》，中国地理研究所，1946，第1-2页；黄国璋：《中国地理研究所成立三年来之概况》，中国地理研究所，1943；高泳源：《中国地理研究所（1940-1949）纪略》，《地理研究》1985年第1期。

续表

考察项目	人员	时间	成果
川东地理考察	杨克毅、朱克贵、谢觉民	1942年4—8月	《川东地理考察简报(附图)》
合川渠河方山地貌调查	高泳源、孙承烈考察，王锡光绘图	1942年7—9月	《四川合川县方山景观》
大巴山地理考察	林超、楼桐茂、郭令智	1942年9—12月	《大巴山地理考察简报》
涪江流域地理考察	杨曾威、王成敬	1942年11月—1943年2月	《川西北步行记》
青海大河坝土壤调查	陈恩凤、冯秀藻	1942年	不详
成都平原东北部调查	周立三	1942年	《成都平原东北部农业地理》
国父实业计划西北考察	周立三	1943年	《哈密——一个典型的沙漠沃洲》
西北科学考察	李承三、林超	1943年	《新疆北部边界考察报告》
中央设计局西北建设考察	杨克毅	1943年	《西北边疆地理》
川西水利区域考察	施雅风、黄秉成	1946年2月13日—5月15日	《川西地理考察记》
长江三峡淹没区损失调查	黄秉成、施雅风、钟功甫	1946年夏—1946年底	《川东鄂西区域发展史》

七、中国西部科学博物馆的筹建

全面抗日战争爆发后，日本的侵略打乱了中国社会发展的步伐，中国的科学文化教育事业陷入困境之中，不过，大批学术科研机构西迁重庆,这为西部科学技术事业发展带来了新的发展机遇。

"抗战期间,国内公私学术机关迁来北碚者达二十余单位,多借用科学院房屋,利用其各种设备,以继续各自的研究工作。科学院予以最大协助,并与之密切合作"[1],建立了共同发展、相互帮助的良好关系。中国科学社迁往北碚的运输、联络、房屋等诸多事宜离不开民生公司与中国西部科学院的帮助[2];中央化学工业社、中央工业实验所化学部、航空委员会油料研究所、清华大学无线电研究所真空管制造部、清华大学航空研究所、中央地质调查所等学术科研机构来碚,中国西部科学院均为他们提供办公地点[3];中国西部科学院还为中央研究院动植物研究所西迁"运书八十七箱"[4]。中央研究院气象研究所迁碚,卢作孚专门致信有关人员给予帮助……

1940年,卢作孚认为各地科学家入川是前所未有的事情,机会难得,于是向翁文灏提出集中科学人才,开发地方

---

[1] 高孟先:《卢作孚与北碚建设》,载中国人民政治协商会议全国委员会文史资料研究委员会编《文史资料选辑》第74辑,文史资料出版社,1981,第108页。
[2] 1937年9月5日,卢作孚专门致函宋师度:"中国科学社迁往北碚,在渝转运及与北碚联络转信转电诸事,盼嘱公司同人特予扶助。"几天后又致函宋师度:"请告北碚科学院为酌让房屋并一切帮助。"(黄立人:《卢作孚书信集》,四川人民出版社,2003,第590-591页。)
[3] 详见《中央化学工业社十日可抵碚》,《嘉陵江日报》1937年12月1日。《实业部地质调查所将迁来碚》,《嘉陵江日报》1938年1月9日。《航空会油料研究所迁移科学院内》,《嘉陵江日报》1938年1月10日。《清大航空研究所将迁来碚》,《嘉陵江日报》1938年1月27日。
[4] 黄立人:《卢作孚书信集》,四川人民出版社,2003,第665页。

富源的计划。[①]1943年夏,以普及科学文化知识为己任的中国科学社等6家重要学术机关在北碚召开联合年会,会后共同举办了一次大规模的科学展览。各学术机关将本机关的研究成果分门别类,陈列布置,公开展示3天。会后,各机关商议在北碚成立联合陈列所,几次讨论后达成要联合创建一座专门博物馆集中保存展示标本的共识,主要参加的机关有中央研究院动物研究所、植物研究所、气象研究所,经济部中央地质调查所、中央工业试验所、矿冶研究所,农林部中央农业实验所、中央林业实验所、中央畜牧实验所,中国科学社生物研究所、国立江苏医学院、中国地理研究所及中国西部科学院等13个科研院、所。[②]随后,卢作孚再次邀请各学术机关负责人会商,基于"科学教育亟待普及,学术研究急需发扬",与会者决定由各机关代表组成以翁文灏担任主任委员、卢作孚担任副主任委员的博物馆筹备委员会主持博物馆筹备工作。

1943年12月14日,筹备会成员在中国西部科学院院长室召开第一次博物馆筹备委员会会议,确定博物馆名称——"中国西部科学博物馆",议定陈列部门,计分工矿、农林、生物、地质、医药卫生以及气象地理6组,由各学术机关负责设计布置,所占面积大致为工矿组(工业中包括手工艺)占有30%、农林组(包括水利)占有20%、生物组占有15%、地质组

[①] 《记北碚科学博物馆的成立及中国科学社的三十周年》,《民主与科学》1945年第1卷第1期。
[②] 《记北碚科学博物馆的成立及中国科学社的三十周年》,《民主与科学》1945年第1卷第1期。

（包括土壤）占有15%、医药卫生组占有10%、气象地理组占有10%。陈列品以西部各省的物品为主，在其他各省选具有代表性的产品加入，还有在全国范围内有代表性或能体现全国大部地区特征的陈列品。除由各发起机关供给外，还接洽各商业、工业、矿业等机关、单位捐赠。博物馆还计划邀请各相关方加入为会员（或发起人），分机关会员及个人会员，机关会员以学术研究机关为主，个人会员以政府长官、各研究机关各事业首长及对博物馆事业有兴趣能赞助其发展者为主，名单由翁文灏、卢作孚先生商定。

1943年12月31日，筹备组第二次开会，馆长李乐元报告称修缮房屋等工程的单位已经联系好、陈列柜数量与材质已经确定。经筹备组成员讨论，请胡定安先生负责医药卫生组，黄国璋、郑子政负责气象地理组。在博物馆筹备期间，另添用绘图员3人、标本剥制职员1人、模型制造职员1人，共计5人，暂以6个月为期。

两天后，筹备组再次开会，李乐元报告称原来保留在中国西部科学院内的实验室决定全部搬出，将整个惠宇大楼让作博物馆陈列使用。但因中国西部科学院全部移出惠宇，需要另外加建实验室，预计大约需要增加100万元经费（即全预算总额在250万元左右），前期预计的开办费140余万元已经请翁文灏部长批准，行政院拨款100万元，加上向有关事业筹募的金额，前期预算已筹集完毕，新增加的约100万元经费尚待筹募。因惠宇大楼全部用作博物馆陈列，各组陈列空间得以重新分配为：惠宇一层工矿组7个房间、地质组

3间,二层农林组4间、生物组3间、医药卫生组1间、气象地理组1间。中国西部科学博物馆筹备委员会由各机关代表任筹备委员,推定翁文灏部长为主任委员,各组推选委员负责本组具体事务。各组委员有工矿组顾毓瑔、朱玉仑,农林组谢家声,生物组钱崇澍、王家楫,地质组李春昱,医药卫生组胡定安,气象地理组黄国璋、郑子政,总务组李乐元。惠宇大楼原有的一部分小房间由各组自行决定是否拆除或是否改作通道,由总务组办理。本次筹备会对各组陈列内容及标本模型的征集处理进行了进一步的说明,规定矿石标本归地质组;采治工程归工矿组;木材标本归农林、生物二组共同布置,并请中工木材试验室参加;土壤陈列由中央地质调查所布置,并请中央农业实验所参加。惠宇巷道及全部墙壁应尽量利用布置,如光线不够可利用电灯照明。展览会上的标本模型(如资中酒精厂模型等项)、中国兴业公司炼钢模型、天府公司全部采煤工程模型、兵工署各工厂各项出品及模型希望能在博物馆正式开幕前运来博物馆,此事由顾毓瑔负责联系。如有不能永久陈列的物品,希望能够借来陈列一段时间,其余各组的标本模型请各组负责委员分别接洽。北碚动物园原有熊猫标本请北碚管理局运交中国西部博物馆,由生物组装制陈列。

1944年3月11日、6月11日两次筹备会主要讨论了修理惠宇大楼、陈列室布置、陈列品集中、图表标签大小、玻璃标本瓶购置等事项,并暂定于当年9月底以前集齐陈列品,作一次预展,并于10月25日正式开幕。面临的最主要问题是由于米价飞涨,工人的伙食费、工资增加,开办费预算不够。到8月26日第六次筹备会议时,房屋的建筑和修理已大致完成,继续完成陈列品收集、陈列柜制作、标签制作等工作,并决定各组于9月10日开始分别布置各馆。沈宗瀚提议推荐的沈成章先生被公推为筹备委员会副主任委员并统筹筹备委员会农林组设计分配事项。第七次筹备会议(10月24日)时,因房屋修缮已全部完成,但大部分陈列柜虽已制造完工还没有嵌装玻璃,标签委托重庆印刷厂印制中,大部分陈列品已到馆正着手布置,但仍有一部分模型等正在赶制中,且存在开支太多,经费实为紧缺等各方面问题,筹备未达到开馆要求,决定开馆仪式与中国科学社三十周年纪念会一同改期至1944年12月25日举行,并规定陈列品最迟在11月底以前全数送馆,12月15日前全部布置完成,12月16日再开筹备委员会会议举行预展。

经过短短一年多的筹备,各机关、单位的相关人员用他们的热忱解决了时间短促、经费有限、人员有限、陈列品繁多等诸多困难,中国西部科学博物馆的建筑工程及各部布置、材料收集,在1944年12月全部完成。工矿、农林、生物、地质、医药卫生及气象地理等六馆由各学术机关负责设计布置;陈列室物品由各机关供给,并洽商各工矿事业捐送;陈列地点全部利用中国西部科学院惠宇大楼,原有研究室、实验室等部门另建办公室及实验室;所需开办费承行政院、四川省政府、经济部、农林部、教育部、经济事业、金融事业各捐巨款。自1944年1月开始修理建筑至6月告成,计建筑楼房2幢、平房3座,共计70余方丈;惠宇大楼按各部门性质设计,装修所需陈列柜亦陆续制就,随承各机关及工矿企业捐送标本模型;多有因赶制本馆各项陈列品致影响其本身工作者,是皆足以表现各方对此之热忱。

第六章 文化的方舟

随着国民政府西迁,东部地区的大中学校、文化机关、新闻出版机构、科研院所等单位纷纷迁往重庆,促进了以重庆为中心的大后方社会科学事业的大发展,中国社会科学发展的中心从东部沿海转移到了以重庆为中心的大后方。重庆社会科学的大繁荣不仅推动了重庆文化事业的现代化,也改变了大后方社会科学发展落后的局面,开始建立起全面的社会科学学科体系。战时,在卢作孚十数年的苦心经营下,北碚的基础设施和文化环境已有相当的基础。加之北碚与重庆间水陆交通都较方便,周围的山林环境隐蔽性较好,全面抗日战争爆发后,北碚自然被划为战时首都的迁建区。短时间内,全国各类政府机关、科研机构、教育机构及各类文化名人云集北碚,获得了"三千名流汇北碚"之美誉。中国的科教文卫事业重新在北碚生根发芽并开出璀璨的花朵,使得北碚成为战时后方科技文化的"诺亚方舟"。

一、多鼠斋里的"文协"

《诗经》曾以"硕鼠"这一形象,唱出了民众心中的困扰:"硕鼠硕鼠,无食我黍!三岁贯女,莫我肯顾。逝将去女,适彼乐土。乐土乐土,爰得我所!"而时隔千年,鼠患的问题再次发生在北碚的一栋中西合璧的二层"小别墅"里。在定居北碚期间,老舍常常为鼠患的问题而苦恼着,纵然头昏,还得去赶老鼠,于是将居所命名为"头昏斋",不久就改为"多鼠斋"了。文人墨客历来有为自己的书斋命名的传统,或以言志,间以寄情,抑或是自勉,不仅名字典雅,且寓意深刻。如此简朴明了的名字背后,显示的是战时文人的辛酸,也是老舍在面临困窘生活的一种自我开解方式。

常言道:"时也命也运也,非吾之所能也。"1938年8月,老舍来到重庆后,经多次辗转流徙,最终定居于重庆北碚城区蔡锷路24号,直到1946年赴美国国务院讲学之邀后才离去。而"多鼠斋",就成了老舍的精神生长之地,生活寄养之所。首先,作为生活寓居之地,老舍在此停留了近4年之久,尽管群鼠环绕，贫病交加，但老舍依旧笔耕不辍，完成了多部经典之著，其中仅以"多鼠斋"为题，就发表了十多篇用幽默笔调创作的系列散文——《多鼠斋杂谈》。

同时，"多鼠斋"成为"文协"的办公地。1938年，"中华全国文艺界抗敌协会"（简称"文协"）在汉口成立，设理事会和常务理事会，常务理事会下设总务、组织、研究和出版四个部门，总务部基本职责是"掌理文书、会计、庶务、交际等事宜"，老舍任总务部主任。"文协"从鄂西迁至渝后，因主城区的"文协"会所多次遭到日本大轰炸，于1940年夏迁至南温泉，和北碚的"多鼠斋"寓所成为"文协"的两翼。这寓所就是林语堂出国后留下让与"文协"办公的会所，直到1943年老舍与妻、子团聚后，才成为这里的主人。老舍除在"多鼠斋"日常读书写作外，也在此处理"文协"的日常事务。而老舍作为"文协"的"总管家"，在"多鼠斋"的一方天地之间，不仅处理好了"文协"细碎烦琐的日常工作，还使"文协"在经费不足、印刷困难、物品涨价、作家困苦的情况下，扛起了战时文化抗战的任务，创造了战时文艺创作成果丰硕的奇迹！此外，老舍时刻关注着文化界人士生活，不时从社会贤达和民主人士中寻求帮助，通过募捐支持文艺界生活困难的人。而自己在"文协"工作并没有工资收入和津贴补助，只有透支精力换来的稿费，但仍是入不敷出，导致一度揭不开锅。冯玉祥听闻后曾特意送来一袋大米救济老朋友，解了老舍一家的燃眉之急。就这样，在无数个挑灯伏桌的日夜里，在夜夜与"猖獗万分"的老鼠为伴的日子中，老舍始终与"文协"同在。在"多鼠斋"的日子里,"文协"就是老舍的家,在这个"家"中,他什么都管,即使外出,也挂念会中事情,一封封信件连续不断地寄送到留会人员手中,报告行踪,指导工作……老舍积极地为文化人士争取会刊稿费,又尽心筹措经费慰劳抗属,甚至通过冯玉祥和周恩来的帮助,还搭救了孟克、骆宾基等文化界人士。老舍在"多鼠斋"为"文协"办公的岁月里,这里不仅成了文化名流的思想碰撞的集会场所,还成为抗战文化宣传的坚固阵地。

二、雅舍里的《雅舍小品》

战时的北碚城内,曾有这样一座瘦骨嶙峋的"陋室",它顶上只有一个铺了瓦的木头架子,四面编了竹篦墙,敷了泥灰,从远处看过去,勉强像是一座房子。可就是这么一处"有窗而无玻璃""有瓦而空隙不少"的"陋室",却因梁实秋的停留,以"雅舍"闻名。

梁实秋,原名梁治华,字实秋,浙江杭县(今杭州)人,出生于北京,中国现代著名的散文家、学者、文学批评家、翻译家,曾与鲁迅等左翼作家有过激烈争论。其代表作散文集《雅舍小品》1949年在台湾出版后发行了50余版,创造了中国现代散文著作出版的最高纪录,译作《莎士比亚全集》成为沙翁译著中的权威之作。

1938年秋天,梁实秋于武汉接受了张道藩的邀请,参加教育部"中小学教科用书编辑委员会"的工作,并担任教科书组主任,随后与部分迁渝政府部门一起来到重庆。随着日军频繁轰炸重庆主城,教科书编委会为躲避轰炸、寻求稳定的编辑环境,于1939年5月初,将办公地点迁至北碚,梁实秋随同教科书编委会同人从渝中半岛迁至北碚,并和吴景超及其夫人龚业雅合资,购得这栋平房作为居室。为便于和外界邮递交往,梁实秋用龚业雅的名字将之命名为"雅舍"。

"雅舍"名字虽然风雅,但居住环境简陋,不仅与雅清无关还整日整夜遭受老鼠的侵袭,遇到疾风暴雨等恶劣天气时,经常要忍受屋内漏雨、屋顶灰泥崩裂的状况。好在梁实秋心态乐观,能寻觅到独特的乐趣,如他所说:"细雨蒙蒙之际,'雅舍'亦复有趣。推窗展望,俨然米氏章法,若云若雾,一片弥漫。"[①]梁实秋在"雅舍"寓居了七年之久,其间无论是在文学创作上,还是在编译馆等的工作上,都成绩斐然。他在文学创作上首屈一指的要数带给他无限声名的散文集《雅舍小品》。

战乱年代物资紧缺,"雅舍"只能用简单易得的材料建成,天气宜人时还可享一份惬意,一旦遭遇风雨,屋顶便遍布湿印:"起初如碗大,俄而扩大如盆,继则滴水乃不绝,终乃屋顶灰泥突然崩裂,如奇葩初绽,砉然一声而泥水下注,此刻满室狼藉,抢救无及。"即使这样,在梁实秋的眼中,"'雅舍'还是自有它的个性,有个性就可爱"。梁实秋以一种乐观豁达的心态与困顿相处,并时常和文艺界的友人交流往来,互相求得心灵上的支撑与打气。

---

① 梁实秋:《雅舍小品:梁实秋精读》,浙江文艺出版社,2021,第5页。

在"雅舍"的屋檐下经常可见冰心、老舍、陈可忠、萧伯清、赵清阁、余上沅等不畏路远登上几十级台阶前来造访。文人们在战乱中相互取暖鼓气,因此,"雅舍"虽陋却"谈笑有鸿儒","雅"趣亦洋溢其间。

《雅舍小品》的创作契机源于一次约稿。时在重庆主办《星期评论》的刘英士约梁实秋在该刊物上支撑起一个专栏,言明每期一篇,每篇2000字。在头几篇文章相继获得好评后,梁实秋的创作热情不断迸发,几十篇美如珠玑的散文在报刊上陆续刊出。作品先是在刘英士的《星期评论》上发表,此刊停办后,又先后刊发于重庆《时与潮副刊》、南京《世纪评论》以及天津《益世报·星期小品》等报刊。直到抗战胜利,梁实秋返回故乡北京,《雅舍小品》的创作也随之结束。

1949年,这些专栏文章被集结为《雅舍小品》由台北中正书局第一次出版,收文章34篇。二十世纪七八十年代又陆续出版了《雅舍小品》续集。1986年《雅舍小品》出版了四集合订本,共收文章143篇。《雅舍小品》在海内外先后印发了300多版,一度洛阳纸贵,创造了中国现代散文著作出版的最高纪录。

三、白鹤林里追求人生

位于北碚区西南方向的白鹤林,有龙凤溪从其下端蜿蜒而过,成千上万只白鹤常年栖息于此,与当地的居民朝夕相处,建立了深厚的感情。在抗战时期,不仅有许多教育与文化机构纷纷落址在这片美丽而富饶的土地上,而且许多知识分子也在物质条件极度匮乏的情况下,依然坚守初心,在白鹤林中追求人生,探索人生的真谛。

1938年中苏文化协会因为战事激烈来渝,中苏文化杂志社也在当年迁至北碚歇马镇白鹤林刘家院子。作为报道与宣传苏联革命与建设的重要文艺组织,中苏文化杂志刊发的《中苏文化》杂志,不仅推动促进了中苏的文化交流,也为中国的革命建设提供了可以借鉴的经验。当时有不少学者在白鹤林中定居,并且留下丰硕的成果。比如在《中苏文化》编辑部工作的侯外庐,就极其喜爱白鹤林幽静的环境,专门择选一处清幽的住所专心翻译《资本论》,并且在翻译之余将目光与精力集中转向了中国社会文化思想史的研究当中。当时,在白鹤林中,既有潜心学术的学者,也有热情奋发的改革家。与侯外庐毗邻而居的平民教育家和乡村建设家晏阳初,也在歇马场附近倡导并且试验"平民教育"。1940年,晏阳初在歇马场创办了私立中国乡村建设育才院(后改名为"中国乡村建设学院")聘请了许多居住在北碚的文人做教授,比如老舍、马寅初、费孝通等人,学院洋溢着浓烈的学术氛围。中国乡村建设学院是当时全国唯一一所培养乡村建设人才的高等学府,并为中国的乡村建设探索提供了许多宝贵的经验。

当然,不少文人墨客在白鹤林生活时,既陶醉于白鹤林的自然人文风光,也思考着战争以及对人生命运的感悟。较有代表性的作家如艾芜曾经在日记中就回忆到抗战时期的白鹤林:"1944年秋天,我全家从桂林逃难到重庆。"最初,"无处可住,便住进文协会议室";后又"住在南温泉乡下白鹤林,距重庆40多里"。在寓住白鹤林期间,艾芜也以此为背景写有一些反映农民生活艰辛,以及对农民凄惨生活处境表示同情的文章。尽管在战争背景下,人们的生活不尽如人意,但是在白鹤林这块文化土壤上,依然闪烁着人性美好与善良的光辉。

四、北碚的金钱板词

自全面抗日战争爆发以来,在北碚的文人为了激发民众的爱国主义和民族意识,纷纷拿起笔创作宣传抗战的小说、诗歌、戏剧等文艺作品。但这种"高雅"的文艺形式似乎和民众隔着一层"纸窗户",无奈文人富有激情的作品最后只能是自我感动,很难触及民众的真情实感。正是在这种困境中,对于北碚金钱板词的"再发现",捅破了文人和民众之间的"纸窗户",对抗战文艺宣传起了重要作用。金钱板是巴渝地区民间街头游艺人表演的一种传统说唱艺术,道具为竹板三块,其中两块嵌有铜钱或金属片,演说者一手执两板,一手执一板,敲打说唱,兼以科白,富有节奏。对于表演者们来说,常能"走州吃州、走县吃县",因此习称"金钱板"。

1937年12月13日,北碚地方性报纸《嘉陵江日报》副刊《农民周刊》,便开始连载《抗敌宣传金钱板词》系列,开篇的"头子"这样唱诵:"未开言,先把交涉办。各位,同胞,听详端。兄弟,本不会唱,金钱板。无非是,借此作抗敌宣传。一不唱,前朝,和后汉。二不唱,鲍超,打台湾。三不唱,孙二娘,开黑店。四不唱,武松,上梁山。各位,同胞,请稍站,听我,唱一段,日本野蛮。各位,站高。要看远,唱得不好,要海涵。"从1938年开始,《农民周刊》上的金钱板词持续增多,内容范围也进一步扩大,像《抗倭宣传金钱板》第二编系列,以及《一二八金钱板词》《五三金钱板词》《五四金钱板词》《五五金钱板词》《大众当兵去金钱板词》《毁灭廿一条卖身契》等系列,涉及轰炸、服兵役、中日历史等诸多内容。从内容上来看,大多数金钱板词并没有多少独特之处,不过是一些民国的建国历史、抗战史实、新闻报道或者政策文件的改编。而从形式上来看,金钱板的有趣之处正在于其声音的表现形式。通常是在街头、乡场、庙会、节庆等场合,普通乡民大众聚集在一起,站在人群中间或者高台上的金钱板表演者,铿锵有力地打板,身体随着打板的节奏摇动起来,此时台下的观众们簇拥在一起,入迷地欣赏,聆听着有关民族国家和抗战的故事。所以对于大部分不识字的农民、普通市民来说,作家文人争论不休的文学性和艺术性作品,在他们眼里,反倒不如金钱板词来得生动、活泼,又好记、又有趣。而当作家文人发现这一"奥秘"时,便开始利用金钱板词的通俗性和大众化,在北碚抗战时期,以此文艺形式在民众间积极进行抗敌宣传,并获得良好的成效。

1938年8月1日到7日,《嘉陵江日报》又连载长篇论述《今后本报的新姿态》,其文有"我们的副刊,没有典雅的大块文章,只有些俗言俚话,在文艺方面,我们想借民众惯熟的式样,来把新的知识介绍到大众之前。大众欢喜小调,我就不妨试做几篇新生活打鬼子一类的小调,给大家尝尝。再如金钱板,大鼓书,弹调,道情,都准备制点来给大家尝尝……在我们副刊上,不但是给大家欣赏,进一步要成为大众的补充读物"云云。从1938年下半年起,原本常常转载其他刊物的《现代园地》和《嘉陵副刊》,也开始大量刊载金钱板词,如《蒋总裁的抗战言论》《日本在华暴行的事实》《台儿庄》《防空》《节约救国》等,都以抗敌金钱板词的形式登出。1938年8月,也就是编辑部连载论述《今后本报的新姿态》的同时,副刊统一整合为《嘉陵副刊》,金钱板词所占比重进一步增加,甚至有一统整个副刊的趋势,不仅有《七七抗战建国纪念》《八一三抗战》《最后的胜利是我们的》等系列的金钱板词持续连载,还涌现出像周敬承这样的金钱板词创作能手,掀起了北碚及其周边地区的金钱板热。

五、郭沫若的话剧《屈原》

1942年初,五幕历史剧《屈原》创作之际,正值抗日战争处于极为艰难的日子。尤其是国民党悍然发动了震惊中外的皖南事变,掀起了第二次反共高潮。有感于"这个大波大澜的时代,有多少人沉于苟安偷生的深渊中,有多少人沉湎于富贵逸乐的泥淖中不能自拔",而立志于让更多的人看到那些"倔强的坚持了正义的气节""置生死于度外的为祖国的生存而献出了他们宝贵的忠贞的鲜血""完成了他们最高的做'人'的条件"的"屈原"与"婵娟"们，郭沫若写成了喷涌着抗战激情的《屈原》。此剧在报纸上公开发表后，重庆当地的"中华剧艺社"立即决定排演这个剧本。但其上演却并没有想象中顺利。这年春天，《屈原》在重庆城区上演，剧本中所宣传的"临难勿苟""慷慨赴死"的精神得到了民众空前的响应，但也因此受到国民党文化特务头子潘公展的刁难和破坏，被迫停演。直到4月底，卢子英打电话给阳翰笙，邀请中华剧艺社到北碚公演《屈原》，这部剧的命运才迎来转机。

原定于6月25日在北碚民众会场上演的演出适逢梅雨季节，剧场又是半露天的敞篷，一连数日雨水不停，不得不延期。演员都很焦愁，甚至写出这样的打油诗："靠天吃饭不自由，农人欢喜剧人愁，今日演罢屈原后，明朝各自改行头。"于是26日，郭沫若便亲自带着"道具"来看望剧团的工作人员了。而那只被郭沫若从家带来给演员当道具用的古铜色大瓷瓶，也被他即兴吟入诗中："不辞千里抱瓶来，此日沉阴竟未开。敢是热情惊大士，杨枝惠洒北碚苔。"

6月28日，天气放晴，《屈原》便定在当晚正式公演。当天下午，郭沫若也应中央青年剧社之邀，在北碚举行了一次戏剧讲座，讲座题目是《屈原悲剧的意义》。下午两点，礼堂已经满满地挤了400多人，以至于后来的人仅能立在墙边和门外，这也足以见得郭沫若与《屈原》的号召力。

看似一切顺利，但《屈原》上演遭遇的曲折并不止于此。

28日晚饰演南后的演员白杨因故未到,由赵慧深代之;顾而已回重庆了,由郭寿定代之;施超甚至扶病上场。因为人手不够,几位素来不登台的领导与技工甚至也不得不上场,又向"中万"借了演员。为了防止国民党特务捣乱,在卢子英的安排下,每当演出时,北碚民众教育馆刘忠义馆长就坐镇台前。就这样一路磕磕绊绊,《屈原》的演出竟也获得了极大的成功。外地来看戏的人把北碚的旅馆都住满了,从20多华里远的江北水土沱来看戏的人,都只得看完戏后深夜徒步回家。原计划上演四场,后应观众要求又续演了一场。

在《屈原》的带动下,北碚的民众戏剧活动也迎来了高潮。这一年,在国民政府的高压统治下,一切进步文化活动虽极为艰难,但北碚人民却爆发出了前所未有的热情,屈原的"气节"可谓功不可没。

六、白杨参加拍摄《中华儿女》

1938年10月,中国电影制片厂迁往重庆,在重庆郊区观音岩重阳洞筹建了新厂址,郑用之、吴树勋、蔡劲军和罗学濂等人先后主持该制片厂厂务。该厂汇聚了一大批中国电影界的优秀人才,到1940年,已发展成为一个拥有演职员300人,工友、士兵116人,共446人的制片厂,成为大后方规模最大的电影基地。该厂在重庆阶段,一共制作完成了12部抗战故事片,12部新闻片、纪录片及科教片,4部卡通片及歌辑。[①]

---

① 董凯:《电影重庆:1938-1945》,《四川戏剧》2012年第3期。

上海的"八一三"战事后,凭借电影《十字街头》声名大噪的白杨和龚稼农、王献宁等组织影人剧团,到四川和重庆一带开展演艺活动,进行抗战宣传。他们通过话剧的形式,让身处内地的观众"第一次从舞台上看到抗日前线的情形,大家同白杨等饰的剧中人一起,为流民的悲惨遭遇痛哭失声,对日寇的野蛮侵略同仇敌忾。台上,台下,爱国心,民族情,把演员与观众紧紧连到了一起"①。但影人剧团到成都时却遇到不小的麻烦。彼时,有位司令请白杨到府上吃饭,白杨说:"在团体中生活,不愿有例外的单独行动,如果非请不可,那么就请全体同事一道去!"这虽巧妙地拒绝了邀请,却与其结下了梁子。剧团演出的《流民三千万》最后一幕天空涌出一轮红太阳,这位司令说这个太阳象征日本,演戏的人有汉奸思想的嫌疑,派人逮捕了剧团所有人员,后经人多方周旋,才保得剧团周全。为了保全演艺事业,1938年,白杨与内迁到重庆的中央电影摄影场暂签一年的合约,借助其力量来进行艺术创作。受大轰炸影响,大后方底片紧缺,中央电影拍摄场和中国电影制片厂都因此搁置了好几部正在拍摄的电影。

　　随后,经过多方努力,底片大批运到,之前暂停拍摄的影片提上日程。白杨在导演沈西苓②的带领下,到北碚拍摄搁置已久的电影——《中华儿女》的最后山景镜头。沈西苓自1931年正式投入电影事业,到1940年病逝,短短的十年艺术生命间,却留下了独具艺术思考和审美格调的优秀作品,如

---

① 倪振良:《落入满天霞——白杨传》,中国文联出版公司,1992,第104页。
② 沈西苓(1904—1940),浙江德清人,中国著名导演。

《十字街头》《女性的呐喊》《船家女》《中华儿女》等,皆为电影佳作。《中华儿女》是一部完全表现抗日战争主题的影片,该影片通过对南京、安徽、上海、重庆四个地方不同阶层人民参与抗战事迹的描述来呈现一个中华民族万众一心的全民族抗战场面。[①]

在拍摄影片镜头的同时,白杨还与施超等30余位影星组成中央电影摄影场乡村巡回宣传队进行劝募公演,为前线将士募寒衣,在北碚上演《故乡》《群魔乱舞》《晚香玉》等名剧,给北碚人带来"一番惊人之技术表现"。据《大公报》报道,截至1939年11月,北碚自发动征募寒衣以来,共收到捐款5000元,白杨他们的乡村巡回宣传队正是此次寒衣运动的先头宣传队。

《中华儿女》大获成功,"成绩异乎寻常的美满",苏联电影当局也慕名而至,邀请沈西苓携片去苏联放映。

七、中山文化教育馆的学术事业

1933年,中山文化教育馆成立于南京市中山陵灵谷寺附近,孙科为创始人,其创办的宗旨是阐扬孙中山的思想与学说,恢复中华固有之文化,以推动中华民族文化之发扬光大。在二十世纪三四十年代,该馆集合了中国的一批著名学者,从研究孙中山的学说入手,探索中国文化复兴的方案,

---

[①] 何姣:《摩登"影怪":沈西苓电影研究》,硕士学位论文,辽宁师范大学2021,第40页。

取得了相当的学术成就和社会效益,对中国现代学术文化产生了重要影响,是中国现代学术文化史上值得关注的一个学术文化机构。

归纳言之,该馆主要"馆务"即开展的事业,包括六个方面。一是学术研究:研究并发扬孙中山之主义与学说,集合学术专家学者研究与中国有关系之各种问题,资助国内外大学毕业成绩优良或具有天才之青年研究现代重要问题。二是实地调查:组织调查队分赴各地调查农村社会经济教育状况。三是学术奖金:设立中山奖学金,奖励科学发明、文学创作及有价值的著述等。四是学费借贷:设立国内外大学学费借贷金,补助学行优良的勤苦学生。五是学术讲座:设立中山学术讲座,选聘对孙中山学说有研究的专家,分赴各大学讲学。六是图书出版:翻译名著,编辑社会教育图书及定期刊物。

全面抗日战争爆发后,中山文化教育馆于1937年11月迁离南京,先迁至汉口,再迁至重庆市区中一路,后迁至北碚中山路(今天生街道办事处老楼)。因大部分同人离馆参加抗战工作,刊物出版难以为继,调查计划备受影响,翻译计划工作暂告停顿。在极其艰苦困难的情况下,馆内同人团结一心,根据抗战的形势和需要,继续努力开展工作,以直接服务于抗战为主要任务,仍然取得了相当成绩。一是编辑出版"抗战特刊"和"抗战丛刊"。除1939年至1941年出版研究成果7种外,编辑出版了"抗战特刊"6种。"抗战丛刊"有9类103种,包括"通论"4种、"外交与国际形势"11种、"抗战对策·军事"4种、"抗战对策·政治"21种、"抗战对策·经济"21种、"抗战对策·国际法"3种、"抗战对策·文化教育及其他"28种、"敌情研究"9种、"敌军暴行"2种。[1]二是继续编辑出版期刊。因战争期间,国外书刊不易获得,同时为适应战时文化之要求,该馆对编辑出版方针作了一定调整,以阐述抗战各种问题为重点,包括《时事类编特刊》和续编《天下月刊》(英文)。1939年8月31日,中山文化教育馆为彰显中华民族自强不息的精神,传达中国抗战的艰难曲折,向英国播音,痛斥其绥靖政策:

(重庆)据今日此间消息,此间中山文化教育馆准于明日对英播音,请英国对日采取坚强之立场。该项播音英文稿,现已草就,大意谓日本军人对英之狂妄骄横态度,完全为英国向来对日采取温和柔弱态度之结果。该文对于张伯伦所谓英国因在欧洲方面,遭受严重威胁,故不能不在远东方面对日采取绥靖政策,认为完全为掩饰推诿卸责之辞。[2]

因战时的要求和条件的限制,中山文化教育馆原规划的研究工作仍受到较大的影响。为了实现建馆宗旨,发展学术文化,1942年3月召开馆务会议,决定强化研究机构,重新整合研究力量,恢复过去的学术研究、社会调查及世界名著译介。重新规划研究任务,以三民主义研究为重心,馆内分为民族、民权和民生3个研究室。民族研究室的任务是研究孙

---

[1] 中山文化教育馆:《中山文化教育馆十周年工作概况》,中山文化教育馆,1943,第15-24页。
[2] 《中山文化教育馆,今日对英播音》,《申报》1939年8月31日第8版。

中山的民族主义并寻求民族问题的实际解决方案。规划的研究专题主要有：三民主义的民族论与文化论、中华民族源流及其发展史、中华民族兴衰原因及繁荣种族的政策与方法、边疆民族问题的研究与解决。民权研究室的任务是研究孙中山的民权主义并寻求实现民权平等的具体办法。规划的主要研究专题有：民权学说与政治制度研究、实现民权主义的方法与程序、国家建设理论与问题研究。民生研究室的任务是研究孙中山的民生主义并寻求建设民生主义经济制度的正确政策。规划的研究专题有：民生哲学与经济学说、民生主义经济制度及其实现方法。此外，教育馆还计划翻译英国史学家汤因比的史学著作以及剑桥上古史、中古史和近代史，以"应我国史学研究之深切需要及提高文化学术界参考资料之一般水准"[①]。

中山文化教育馆创始人 孙科

纵观迁碚的中山文化教育馆，其在编辑出版丛书中所采取的开放态度，都是战时中国科研文化事业的助推器。教育馆在负责策划、组织和审查工作时，采取向学界和社会公开征集书稿的形式。不论是出版学术性的"研究丛书""世界名著丛书"，还是普及性的"公民丛书""建设丛书""民众科学丛书"，以及直接为抗战服务的"抗战特刊""抗战丛刊"，

---

① 《中山文化教育馆丛书委员会征求迻译汤贝史学研究及剑桥上古史中古史近代史办法》，《中山文化季刊》1943年4月第1卷第1期。

都充分调动和整合了学界及社会的学术文化资源,扩大了中山文化教育馆在学界和社会上的影响。通过这种征稿形式,既团结和聚集了一大批各界的专家学者参与研究和撰述工作,也使中山文化教育馆的事业成为整个学界和社会的事业,这对于在资源有限的情况下发展中国的学术文化来说,不失为一条行之有效的途径。也真正实现了为"罗致国内学者潜心研究,以阐明中山先生之主义与学说,以树立文化之基础,以培养民族之生命,同时亦即以此为中山先生留文化上永远之纪念,俾与紫金山上庄严壮丽之中山陵同迈千古"的立馆宗旨。[①]

[①] 中山文化教育馆:《中山文化教育馆筹备委员会总报告》,中山文化教育馆筹备委员会,1933,第8页。

第七章 小城的大学

全面抗日战争爆发前,北碚的学校教育只有若干小学,以及卢作孚创办的私立兼善中学、僧人太虚创办的世界佛学苑汉藏教理院。直到全面抗日战争爆发后,国立江苏医学院、国立国术体育师范专科学校、国立歌剧学校、国立戏剧专科学校、复旦大学、私立勉仁书院、私立立信会计专科学校、私立中国乡村建设学院以及军令部所属的军需学校和中央测量学校等一大批大专院校迁建北碚,北碚才有了真正意义上的高等教育。

一、牌坊湾的国立江苏医学院

1934年,江苏省立医政学院(今南京医科大学的前身)创立。经过三年经营,粗具规模,然适逢抗战,学校被迫西迁。1938年,学校在湖南沅陵与南通学院医科合并改组为国立江苏医学院,一路经湘贵、入川渝,在战火中培育医学急需人才,组建中国预防医学研究所,组织空袭救护队和流动医疗队,为医学担道义,为国家安太平,走过了一段负重奋进、可歌可泣的办学历程。

1937年淞沪会战爆发后,"江苏省会镇江的省立医政学院师生也更加迫切的感受到了战争的残酷与威力,积极行动起来组织'重伤后方医院',救治患病负伤的抗战军民"[1]。1937年11月23日夜,江苏省立医政学院大部分教职工与135名医科学生,乘船溯江而上,进行了一次有组织的避难,虽颠沛流离,居无定所,然随迁图书、仪器、标本和车辆完整

---

[1] 苏文娟、张爱林:《抗战中的国立江苏医学院》,《南京医科大学学报(社会科学版)》2015年第4期。

无缺,沿途租用民房开课,而他们的计划则是"由江西至武汉,又转道长沙,后沿沅水直抵沅陵(湖南)"[1]。同时,院刊《战时医政》也在烽火中公开发行。期刊倡导医政理想,主张以"政"统"医",在战时尽量发挥宣传力量,尽量提出公开商讨,尽量力谋精诚团结,尽量调整医事人才和医务工作。

战火纷飞之际,以第七重伤医院名义西迁衡阳的私立南通学院医科与迁校沅陵的江苏省立医政学院同感经费拮据,办学困难,经教育部统筹并报请最高国防会议通过,在沅陵改组为国立江苏医学院。"尤其是医学教育,因为战争期内,医学人材(才)的缺乏更感觉的需要,决不能因为敌人摧残而可以放松的。并且还要更积极的来努力建设。我想当局的改组江苏医政学院,和南通学院医科,也就为了这个缘故。"[2]1938年8月9日,两校正式合并为国立江苏医学院,"苏医"的名号开始从历史的帷幕后走向台前。

不久长沙会战,沅陵地处前方,偌大的湖南已经放不下一张平静的书桌,学校被迫于1938年12月迁址贵阳,临时借用贵阳达德学校校舍继续上课,尽可能使教学活动不中断。无奈,随着战局恶化,贵阳上空也时有敌机空袭。1939年初,学校接教育部命令,复迁重庆北碚牌坊湾,有报载:

国立江苏医学院,自去岁八月,在沅陵合并改组后,即经力谋院务之改进,教学之充实,以期发挥战时医育。旋以战

---

[1] 苏文娟、张爱林:《抗战中的国立江苏医学院》,《南京医科大学学报(社会科学版)》2015年第4期。
[2] 慕愚:《为国立江苏医学院成立而作》,《战时医政》(长沙)1938年第19期。

局转移,呈奉核准迁移,员生辗转跋涉,暂驻贵阳上课。一面由院长胡定安秉承部方发展渝市医教基础意旨,于重庆某地,勘觅院舍,几经商酌,始决定购屋一幢为院舍。环境优美,建筑亦坚固朴实。[1]

1939年3月6日,国立江苏医学院在重庆枣子岚垭47号设驻渝办事处。同月23日,勘定重庆北碚为新院址,并购下北碚医院(今重庆市北碚区第九人民医院)为院舍,在碚期间江苏医学院还建立了附属医院,并设有公共卫生事业所、高级护士职业学校等。在师资人选上,江苏医学院本着"用得其人"的原则,以专门人才为主,坚决摒弃任人唯亲的社会风气。当时许多学校就由一派学阀把持,教授人选完全私与,有没有相当的学识,则不值一提。在学校的规划上,除了教育学生、传授知识外,力图做到新学术的创造,也即科研工作的推动,这样就不会重蹈其他学校"没有一点新的贡献,只是搬取他人的东西,来传授"[2]的覆辙。可以说江苏医学院是抱着打造一套良好制度,开展业内领导和模范工作的决心去发展医教、医育、医学事业的。

1939年5月14日,胡定安院长以国立江苏医学院的名义致函嘉陵江三峡乡村实验区署,称该院奉令迁移,商购北碚地方医院房屋为院舍,已经迁入办公,并定5月22日在新院舍开课。主要函请对象就是卢作孚及其时任署长的弟弟卢子英。事实上,学校除商购土地外,在开办护士学校、实

---

① 《国立江苏医学院迁移四川开学》,《申报》1939年7月6日第14版。
② 慕愚:《为国立江苏医学院成立而作》,《战时医政》(长沙)1938年第19期。

施卫生教育、开展卫生防疫、举行公开活动时,都得到了卢氏及其辖管实验区署的大力支持。[1]

　　在地方政府和师生的共同努力下,国立江苏医学院逐渐在北碚安定下来。师生以医学专长服务人民大众,加之学院房屋矗立在嘉陵江边,人们亲切称之为"苏医邨(村)"。学校安顿后,开始改组机构,完善规章。院长直辖人事组与会计室,其余院务分设教务、训导、总务三处掌管。教务处下设注册、出版两组与图书馆;训导处下设生活管理、课外活动、体育卫生三组;总务处下设文书、庶务、保管、出纳四组。学校接着又组建了附属医院、附设公共卫生事务所、附设高级护士职业学校以及寄生虫学研究部等机构,颁布实施了《组织大纲》《学则》《会议规则》《各处室院班章则》《教职员聘任服务请假章则》《学生遵守规则》,筹建各种委员会,并形成《各种委员会暨其他章则》,使办学于法有据、有章可循。[2]

　　1939年10月国立江苏医学院接教育部令,开办以初中毕业生为最低招生对象的护士助理短期职业训练班。1941年,筹办附属医院高级护士职业学校,奉教育部令增办卫生教育专修科,并为边疆学校代办卫生教育专修科。1944年3月,教育部核准举办高中毕业为起点、学制六年的医学本科。同年7月,教育部批准增办初中毕业为起点、学制六年的医学专修科。

---

[1] 苏文娟、张爱林:《抗战中的国立江苏医学院》,《南京医科大学学报(社会科学版)》2015年第4期。
[2] 苏文娟、张爱林:《抗战中的国立江苏医学院》,《南京医科大学学报(社会科学版)》2015年第4期。

医学院内设立的研究机构主要是"中国预防医学研究所",研究所的筹设过程得到了翁文灏、朱家骅、陈果夫、金善宝、潘公展、茅以升、罗家伦、竺可桢等人的赞助。1941年5月17日,研究所正式成立,由胡定安院长任总干事,下设四部九系。1942年7月,教育部又批准成立了"医学研究所"。同年8月,医学研究所成立寄生虫学部,由部聘教授洪式闾任主任。研究所在寄生虫学部成立之初即招收研究生,开创了学校研究生培养的先河。预防医学研究所和医学研究所成员积极开展医学研究,实施寄生虫田野调查和现场诊治,开展中国人血型统计和研究,探求雄黄、马齿苋等传统药物的治病机理,研发中成新药。

战时办学条件艰苦,没有电灯、自来水和温饱生活,却有敌机轰炸和生命之虞。苏医师生在艰难的生活中振奋精神,刻苦学习,嘉陵江畔的船夫曲与苏医课堂的读书声交织在一起,成为当时的一景。

二、金刚碑的国立国术体育师范专科学校

国立国术体育师范专科学校的校长为西北军的张之江将军。张之江(1882—1966),号子姜,河北省盐山县(今属黄骅市)滕庄子乡留老仁村人,西北军著名将领,是冯玉祥五虎上将之一,也是中国近代国术主要倡导人和奠基人。他倡导国术,弘扬民族尚武精神;摒弃门户之见,强调泛学博通;提倡"术德并重,文武兼修";采取多种措施,加强国术的推

广、普及和国际传播。

"九一八"事变后,中国处于外侮日亟、内患不已、国事颠危、民气不振之境遇。有鉴于此,张之江等人认为强国必先强种,强种必先推崇武术与体育。1931年12月13日,《励志》杂志社邀请张之江做"国难与国术"演讲,参与社员及军事机关人员达1400余人,该社社评,"国术者,强国之实;国难者,兴国之机,缘值国难,自应共起,奋斗图存,唯有国术,具有实效"[①]。

因武术与体育专业师资缺乏,国民政府于1933年在中央国术馆内附设体育传习所。1934年,国民政府教育部有鉴于该传习所环境优美(位于南京紫金山脚下),又处中华民国第五届全国运动会会址之旁,运动场地和各项设备均可利用,故建议将传习所更名为"中央国术馆体育专科学校",其主要目的是将体育传习所由私立变为公办,并将武术归属于体育学科之下。1938年,易名为"国立国术体育专科学校"[②]。

1937年8月13日,淞沪会战爆发,战事波及南京,15日南京遭到日本战机轰炸。当时正值国术体育专科学校举行第二届毕业典礼,虽然时有日本战机在空中盘桓,师生却未心生胆怯,按时参加毕业典礼。之后,南京沦陷,该校搬离

---

① 《本社社闻:本社举行抗日救国演讲会:张之江演讲"国难与国术",并由国术馆员表演技术》,《励志》1931年第1卷第29期。
② 《国民政府指令》(1938年8月5日),《国民政府公报(南京1927)》1938年第73期。

南京，选择长沙作为临时校址。迁至长沙后，虽因战争导致经费紧张，学校却能突破重重困境按时开学。1938年，日本战机轰炸长沙，学校被迫迁至长沙郊区岳麓山的大庙中，此时国民政府教育部远在重庆，因战乱教育经费无法准时拨给，加之物价暴涨，师生有断炊之虞，教学和生活时常陷入困境。同年6月，学校又从长沙搬迁至桂林，不久又从桂林出发经龙州过越南迁至云南昆明。

1940年，经国民政府教育部同意，国立国术体育专科学校迁至北碚金刚碑，于1941年更名为"国立国术体育师范专科学校"，加入了"师范"两字，分三年制和五年制专科，招收高中和初中毕业生。

创设初期，学校行政组织设置简单。后归国民政府教育部监督管理，由私立变为公办，一切组织和校务行政才逐渐完善。在该校的行政组织中，设校长1人，秘书长1人，教务、训育、总务等主任各1人，其余文书、会计、庶务等课长各1人，办事员若干，另外还设置国术组、体育组、卫生组、出纳组、出版组、注册组、生活管理组、课外活动组等，还设有国术体育学术、教材教法、运动裁判等研究会，以及社会推行教育、实习指导、经费稽核、国画、出版、考试、招考、建设、其他等委员会。[1]

国立国术体育师范专科学校在动荡和战乱中砥砺奋进，

---

[1] 刘帅兵、赵光圣：《国立国术体育师范专科学校的产生、发展及启示》，《上海体育学院学报》2020年第2期。

展现了师生们乃至整个社会的体育工作者为体育事业发展呕心沥血的历程。在课程设置上将武术、军事、体育三者融合在一起,具有强烈的现实意义。

三、中山路的国立歌剧学校

国立歌剧学校的前身是山东省立剧院,后改称国立实验剧院,1941年开始筹建国立歌剧学校,1942年4月建成,校址设在北碚,王泊生任校长,办学宗旨为"实验戏剧艺术,辅助社会教育"。

七七事变爆发后,日本占领济南,山东省立剧院被迫转移。王泊生院长带领部分师生,一边演出宣传抗战,一边南下寻找出路,辗转数千里,途经徐州、郑州、武汉等地,风餐露宿,克服重重困难,在经历长年累月的跋涉后最终抵达重庆。

王泊生,祖籍河北遵化,是著名的戏剧表演艺术家和教育家,早年就读于国立北平艺术专科学校。在大江南北颇有盛誉。京剧大师周信芳称他为"北方怪杰"和"革新家"。王泊生以其不屈不挠的精神和对京剧的执着,不论身处何地,从未间断过对戏剧和歌剧的追求和创作。他在国难当头的形势下,为了号召民众的反抗斗志,创作了哑剧《国父》、新编历史剧《文天祥》,又"溶冶皮黄、昆曲、杂剧、话剧以及歌舞、道具、服饰、布景、光影、中西音乐于一炉",创作了大型新歌剧《岳飞》,编剧、作曲、主演、导演、光景服饰、道具设计都由他一个人来完成,在当时非常受欢迎,演出场场爆满。①

王泊生的夫人吴瑞燕曾经和周恩来、邓颖超同为"觉悟社"的成员。周恩来一直想争取王泊生将剧团迁移到解放区,以便更好地进行抗日宣传工作。但是,由于王氏夫妻经过长时间在外的颠沛流离,向往安定的生活,最终没有抵制住张道藩、陈立夫和陈果夫等国民党高官提出高经费支持剧院的诱惑,在1940年将剧团成员在重庆进行重组,并改名为"国立实验剧院"。

1941年3月5日,国立实验剧院管弦乐团与国立音乐院实验管弦乐团和中华交响乐团组成60多人的强大乐队同台竞技,在战时首都演奏中外名曲,彰显实力。后经山东省政府同意,由教育部收办并正式改名为"国立实验剧院",开设音乐培训部和管弦乐团两个专业。

1942年4月,国立实验剧院改组为"国立歌剧学校",王泊生担任校长,李璞园担任校教务主任兼高级部班主任,初级部班主任则是随剧团一起从山东济南到重庆的刘润清。国立歌剧学校,设有编剧、作曲、舞台艺术、声乐、器乐、舞蹈等科,并附设幼年班,在校生达300余人。该校曾聘请著名艺术家郑志声、戴爱莲、林声、马国霖、陈田鹤等在此任教,在校教员近30人,汇聚了一批国内一流的艺术家。该校师生曾创作演出儿童舞剧《狐狸与山羊》、歌剧《荆轲》等。1945年夏,该校与国立戏剧专科学校合并。

---

① 林勇:《山东省立剧院在中国民族歌剧探索中的实践研究》,硕士学位论文,江苏师范大学音乐学院,2014,第12页。

四、中山路的国立戏剧专科学校

国立戏剧专科学校原名国立戏剧学校,由国民党中央宣传部与国民政府教育部合办,1935年10月18日成立于南京薛家巷,有中国话剧第一校之称。

学校办学宗旨是"研究戏剧艺术,培养戏剧实用人才"。学校聘请余上沅为校长。余上沅(1897—1970),湖北沙市(今荆州市)人,中国现代杰出的戏剧理论家、戏剧教育家、翻译家、剧作家。他一生致力于戏剧,是最早把西方戏剧介绍并移植到中国的重要人物之一,"对中国现代话剧的建立和壮大有不容抹杀的功绩"。中华人民共和国成立前夕,余上沅谢绝国民政府高官厚禄的邀请,坚持留在大陆,并将呕心沥血经营了14年的国立戏剧专科学校完整交回刚刚成立的新中国手中,使其成为中央戏剧学院的前身,厥功至伟。

1937年卢沟桥事变后,中国进入了全面抗战阶段。古城南京遭受着战争炮火的蹂躏。在为国立戏剧学校第一届两年制毕业生举行完毕业典礼后,国民政府教育部下达了将剧校分批迁往长沙的命令。10月18日,剧校成立两周年之际,在长沙稻谷仓三号,余上沅主持了新生的开学典礼,这也是戏剧学校在长沙的新地址。

1938年2月下旬,在抗战进入到最艰苦的相持阶段时,学校又由长沙迁至重庆上清寺。1939年3月底,作为战时首都的重庆已经四面受敌,学校和师生的安全受到严重威胁;同年4月,全体搬迁至四川宜宾的江安县,江安遂成为"中国现代戏剧的摇篮"。[①]

1940年7月1日,学校在第三届学生毕业典礼之后,奉国民政府教育部指令,正式改办成五年制的专科学校——国立戏剧专科学校,设话剧、乐剧两科,同时附设三年制的高级职业科。

国立戏剧专科学校几经辗转、更名,于1945年7月迁至北碚,不久奉令与国立歌剧学校合并。该校此时学制改为两年制专科,所招学生为高中毕业生,其新生入学后插班至本科四年级学习。1946年秋,该校复员到南京。此间,该校除坚持日常教学外,还利用专业特点积极参与各项抗战戏剧演出活动,多次举办戏剧讲座、战时戏剧工作训练班等,为培养抗战戏剧队伍做出了贡献。

在办学14年时间里,共招收14届学员,培养戏剧人才一千多人。演出大型多幕剧100多部和大批独幕剧,在中国话剧史上产生了巨大影响。

五、北温泉的国立社会教育学院电化教育专修科

1936年,江苏省立教育学院设置两年制的"电影播音教育专修科",这是我国高校设立的第一个专科层次的电化教育专业。该专业1936年秋招收了24名高中毕业生,1937年

[①] 赵星:《国立剧专十四年:余上沅戏剧教育实践初探》,《戏剧艺术(上海)》2012年第3期。

又招收了25名学生。全面抗日战争爆发后,江苏省立教育学院西迁,1938年初迁至广西桂林继续上课,并为广西教育厅代办电影放映工作人员训练班。1941年暑假,学院因经费困难而停办,电影播音教育专修科人员转入初成立的国立社会教育学院,并筹建成立了国立社会教育学院的"电化教育专修科"。

1941年8月,前国立社会教育学院正式成立,校址在四川璧山,开设了"电化教育专修科",相当于今天的电影戏剧专业。这是一所以社会教育为主要特色的学校,对中国的社会教育事业做出了卓越的贡献。院训为"人生以服务为目的,社会因教育而光明"[1]。

1942年底,国立社会教育学院电化教育专修科从璧山本部迁到北碚北温泉松林坡教育部中华教育电影制片厂内。迁到北碚的电化教育专修科作为社会教育学院分校,有相对独立性,有权开设课程、聘请所需教职员工。学校白手起家,虽因陋就简,但战争年代能有一个安静的读书环境已属不易。学生大都是从沦陷区流亡来的,文化程度参差不齐,但都怀揣着一个坚定的信念:为抗战学习,为艺术献身。汇聚在这里的教师,都是中国文艺界的翘楚,如梁实秋、焦菊隐、史东山、郑君里、张骏祥、许幸之、戴爱莲、叶浅予、盛家伦等。

1943年初,分校开学。学校设有电影教育组、电影戏剧组、播音教育组;同年秋,又增设电影艺术班。

---

[1] 徐红彩、潘中淑:《中国最早的电化教育专业创建始末——前江苏省立教育学院与国立社会教育学院创办电教专业的历史与总结》,《电化教育研究》2007年第11期。

1944年秋,国民政府教育部决定将电化教育专修科改为"电化教育专科学校",并任命中国电影制片厂厂长张北海兼任校长,培养电影专门人才的中国第一所电影专业学校就此在北碚诞生。为了培养电化教育人才,学校在电影、广播、幻灯等方面都开设课程,除专业必修课外,还有公共必修课,如英语、教育学、心理学等,还开设了多种选修课。学校管理者专业素养深厚,管理经验丰富。

　　抗战期间,学校以电化教育为武器,摄制了一批战时工业、地理交通、抗战新闻时事、医药、文艺、教育等影片,深入大后方城乡巡回放映,起到了宣传教育民众、鼓舞士气的积极作用。师生们积极参加北碚的抗日宣传活动,有的师生则奔向了延安和其他解放区参加革命。

六、夏坝的复旦大学

　　抗战期间,首先迁至北碚的高校是复旦大学。1937年7月7日,全面抗日战争爆发,复旦大学陷于战火之中,遂与大夏大学组成联合大学,共同筹备西迁。11月,联合大学第一部在庐山复学,然"时未及月,以战局巨变,江南师溃,遂将第一部迁川,暂借用重庆菜园坝复旦中学继续上课"。金通尹于此时担任教务长,辅助吴南轩筹办西迁事务。1938年3月,联校分立,复旦将校址定于重庆北碚,在黄桷镇租赁房屋复学上课。[①]

[①]《国立复旦大学概况(民国三十一年度第二学期)》,重庆市档案馆藏,档案号:00650005001550000001000。

从重庆沿嘉陵江而上百数十里，汽轮上水约五小时，公路上行汽车约二小时，便到北碚。在嘉陵江南北岸，江北巴县璧山合川四县接壤的地方，划成一个"嘉陵江三峡乡村建设实验区。"区中有煤矿布厂蚕桑教育及其他各项事业，而北碚是区署（全区行政机关）所在地，四川省中一个狠（很）前进的乡镇。北碚的北岸，有一个六百户的市集，叫做黄桷树，那里就是我们校舍所在。河神庙大殿借作办公室，两廊做实验室绘图室，对面戏台做了讲演台。教室是原来一个小学让给我们的，两层前后两排十四五间，背山面水，狠（很）整齐明净。宿舍是赁煤栈店铺改造的，有八九所，大半狠（很）湫隘。其他图书馆体育场饭堂浴室都有。①

　　为了帮助损失严重的复旦大学恢复办学，国民政府教育部每月补助复旦大学1.5万元，四川省政府一次性补助10万元（其中5万元分给重庆菜园坝复旦中学）。② 1938年开学之初，学校举行了连续八场"国防教育联合讲座"，对全校师生进行强化国防教育。后经一系列摸索调整，复旦大学逐渐恢复战前平时教育。此间，复旦大学共设有文学院、理学院、法学院、商学院和农学院等5院22系和2个专修科，另设有科学馆、新闻馆、文摘社、商科研究所、文史研究室、社会科学研究室、茶叶研究室等。先后在此任教的有梁宗岱、方令孺、童第周、顾颉刚、陈望道、张子让、周谷城、洪深、章靳以、孙寒冰等著名学者。

---

① 金通尹：《北碚母校概况》，《复旦同学会会刊》1938年第7卷第3期。
② 金通尹：《北碚母校概况》，《复旦同学会会刊》1938年第7卷第3期。

1942年1月1日,学校正式挂牌"国立复旦大学",由私立改为国立。1946年7月,复旦大学部分师生返回上海继续办学。在北碚办学的近8年间,共培养毕业生2918人。[1]留渝复旦校友在北碚夏坝旧址创建私立相辉文法学院,于右任为董事长,原复旦大学教务长许逢熙为院长。相辉文法学院共设有文史系、外语系、经济系、会计系、法律系、农艺系等6系10个班,吴宓、方敬、金企渊等学者曾在此任教。该校各系在1952年全国高校院系调整中被分别划入四川财经学院等校。

战时迁碚的复旦大学校舍(剑桥李约瑟研究所藏)

[1]《复旦大学百年纪事》编纂委员会:《复旦大学百年纪事(1905-2005)》,复旦大学出版社,2005。

七、中山路的私立立信会计专科学校

　　立信会计专科学校是中国近代史上唯一一所以"会计"命名的私立高等学校。该校在立信会计补习学校、函授学校、夜校、晨校、星期日校的基础上，经过立信会计师事务所创办者潘序伦的不懈努力，于1928年在上海创立。

　　太平洋战争爆发后，上海全部沦陷，租界的安全性荡然无存。由于办学经费紧缺、敌伪的异常压迫，立信会计专科学校无法在上海继续办学。无奈之下，立信会计专科学校于1942年3月28日向国民政府教育部呈请迁校。同年4月21日，国民政府教育部回复准予迁川。

　　1942年5月11日，立信会计专科学校在重庆都邮街冠生园召开校董会，参会者有从香港辗转抵渝的潘序伦，在渝的陈其采、潘仰山、王云五、庞怀陵、宋汉章等校董，以及卢作孚等人。会议正式确定立信会计专科学校于当年秋季内迁北碚，继续办学。

　　立信会计专科学校迁来北碚后，积极扩充校舍。在当地人士的热心帮助下，购进了民族路的12栋民房作为新校舍，扩充计划得以逐步实现。为添招新生，学校除增租房屋外，还决定向北碚管理局申请建筑许可。在得到北碚管理局的同意后，开始修筑新校舍，完工后为"第二院"，原有校舍改为"第一院"，并将除办公室、函授部和少数专科教室以外的科室全部迁入"第二院"。[1]

---

[1] 韦博：《立信会计专科学校迁渝办学研究（1942-1946）》，硕士学位论文，西南大学历史文化学院，2020年，第28页。

在1942—1946年,立信会计专科学校在渝办学形式是多样化的,专科学校本校是办学主体,同时也开设了辅助性质的办学班。据统计,学校教职员总数达452人,班级数38个,学生数达3000多人。

立信会计专科学校作为中国近现代会计教育的领头羊,迁渝办学,不仅填补了大后方会计教育的空白,也为中国近现代会计教育的发展积累了宝贵的经验,在中国会计教育史上留下了浓墨重彩的一笔。

八、歇马场的私立中国乡村建设学院

晏阳初出生于四川省巴中县一个书香世家。于1939年率中华平民教育促进会迁至歇马场,并着力筹建了乡村建设育才院。经过晏阳初及平教会同仁们的不懈努力和巨大付出,一所专门培养训练农村建设人才的高等学府——中国乡村建设学院,终于1940年在重庆北碚创建起来。

在筹备乡建学院之初,国民政府军事委员会委员长蒋介石在重庆亲切会见了晏阳初一行,并对其创建中国乡村建设学院给予大力支持和帮助。后来,晏阳初又争取热衷于平民教育和农村建设的社会各界代表人物的力量,组成了以张群为校董,晏阳初为秘书兼院长,卢作孚、张伯苓、梁漱溟、黄炎培、张治中、甘乃光、陈光甫、周作民、康心如、范旭东、梁仲华、高阳等为成员的乡建学院董事会。在距离重庆市区大约60公里的北碚歇马乡大磨滩河畔,征购得到500亩土地作为乡建学院校址。

学院本来是准备以"中国乡村建设学院"的校名向国民政府教育部申请备案的,但国民政府教育部在审议时却认为乡建学院的院系设置不符合已颁行的《大学法》规定,不予备案。经过多番努力,乡建学院终于获得时任教育部长陈立夫的特例批准,备案得到通过。学院取名"私立乡村建设育才院",暂时定为初级学院。

乡建育才院创办之初,开设有1个研究部和3个专修科。研究部下设有3个学系,即乡村教育系、农业经济系、农业系;3个专修科分别是乡村教育专修科、农业专修科、手工艺专修科。研究部招收甲、乙两种研究生,旨在培养全国需要的高级人才以致力乡村改造。甲种研究生必须是回国留学生,且有实际工作经验或者在国内已有成就的。乙种研究生必须是大学毕业,且有两三年实际工作经验的。甲种研究生录取后不用参加训练,由晏阳初亲自指导其择定研究的乡村工作项目,不时参与有关讨论会,提供奖学金及旅行考察费以资鼓励,是为中央或省政府培养的乡村工作的行政及技术人员,也是为乡建育才院或其他高级学府培养讲师以上的教学人才。乙种研究生录取后训练期为一年或两年,视其研习科目而定,是为县一级政府或乡村师范学校、农村合作社培养行政和技术人才。

1945年8月,其更名为"中国乡村建设学院",由晏阳初兼任院长。学校设有乡村教育系、社会学系、农学系、农田水利系4个系部,先后聘请瞿菊农、孙伏园、梁仲华、白季眉等著名学者授课。该校特别注重研究与社会实践,在歇马镇、金刚碑等地开设实验区。

九、缙云山的世界佛学苑汉藏教理院

太虚法师(1890—1947),俗姓吕,名沛林,原籍浙江崇德。16岁出家,获赐法号太虚。1932年,太虚法师向刘湘建议在缙云山上创办世界佛学苑汉藏教理院,招收汉藏学员,获得刘湘同意,刘湘、刘文辉、潘文华、卢作孚等人为院董,太虚为院长,同年秋开始招生。1938年,增设编译处,编译《西藏民族政教史》《藏文文法》等书刊达40余种。

世界佛学苑汉藏教理院(以下简称"汉藏教理院")的教职员都是汉藏僧人。汉藏教理院以"沟通汉藏文化、联络汉藏感情"为基本宗旨,教育导向亦重在培养汉藏文化交流人才,但它同时也"负有发扬光大整个佛法之使命",是民国佛教的最高学府。[1]

1932年8月20日,汉藏教理院正式开学,但该年年初发布招生通告说是该年3月20日起随到随考,因此从3月20日到开学前的5个月陆续有近50名学生到院投考并留院就读。

根据该校简章,汉藏教理院以"研究汉藏佛学,沟通汉藏文化,团结汉藏精神,巩固西陲边防并发扬汉藏佛教,增进世界文化"为宗旨。学校分专修科和普通科,课程以藏文、

---

[1] 杨孝容:《汉藏教理院对地方佛教的影响——以重庆南川及金佛山为例》,《西南民族大学学报》(人文社会科学版)2014年第11期。

佛学为主，兼授历史、地理、法律、农业等学科。学校除授课诵经外，每天早晚各举行一次宗教仪式。报考普通科要求具备初级中学毕业或佛学院毕业或具有同等学力等资格，年龄在18岁至25岁之间；报考专修科者，年龄在20岁至30岁之间，要求曾在公私立高级中学或该校普通科毕业或汉文佛学藏文佛学成绩俱高者。普通科学制四年，专修科则"切从实际出发年毕业"。其课程设置较为丰富，普通科开设了"党义""藏文""藏文佛学""汉文佛学""农业常识""卫生常识""国文""法学""史地""伦理学""体育"，专修科主要学习"藏文佛学""教授翻译""西藏文化史""西藏地理""汉文佛学"。[1]其余时间自修。此外，该校还编辑了院刊，出版了《现代西藏》《西藏传弥勒菩萨修法》《辨了不了义议》《西藏民族政教史》等著作，翻译了《菩提道次第广论》《密宗道次第论》等。

全面抗战爆发后，汉藏教理院从有利于"抗战建国而增加边疆民族团结计"，对各科学生要求更加严格，总体来看，该校注重沟通汉藏文化，增强汉藏民族团结，同时为适应抗战建国要求而增设了不少实用课程，诸如物理、化学、生物等科学课程和网球、篮球等体育课程，后又将体育课程改为劳作。[2]除了正常的课程研习，汉藏教理院的师生还以实际行动投身抗日救亡运动。

---

[1] 重庆市档案馆、重庆师范大学：《中国战时首都档案文献 战时社会》，重庆出版社，2014，第254-256页。
[2] 重庆市档案馆、重庆师范大学：《中国战时首都档案文献 战时社会》，重庆出版社，2014，第262页。

1937年9月,汉藏教理院召开院务会议,决定组建"汉藏教理院防护训练班"。该班分为防守班和救护班。经过军训后,该校学生组成僧侣救护队,到各地开展救护工作。这产生了极大影响,各地佛教界也纷纷效法组织僧侣救护队,从事抗战救护工作。[1]

1939年底,太虚法师组织中国佛教访问团赴缅甸、印度、锡兰(今斯里兰卡)、泰国等地访问交流,与东南亚各国宗教界、文化界就佛教和文化等问题进行交流,并借此加强国际反日联合行动。

1940年夏,汉藏教理院开始暑期僧材训练班,组成僧侣救护队分赴各地进行救护工作,同时,该校师生还组织抗日宣传队,在巴县各乡镇进行抗日宣传、组织募捐。此间,更有部分学生毅然脱去袈裟,在重庆兵役处报名参军,成为轰动一时的"青年和尚的壮举"。这些僧侣战士后来随青年军远征印度,很多人战死沙场。[2]

1950年6月,汉藏教理院由西南军政委员会文教部接管,至此停办。

十、蔡家岗的军需学校

1944年3月20日,军需学校建校32周年纪念日,国民政府主席蒋介石题词"储能效实",总参谋长何应钦题词"传薪

---

[1] 尘空记:《太虚大师在首都欢迎大会开示》,《海潮音》1946年第27卷第6期。
[2] 福善:《僧人抗敌史话》,《海潮音》1946年第27卷第5期。

继火,校舍宏开,军需改进,广树英才",中缅运输总局局长、战时运输管理局局长俞飞鹏题词"陶冶群才",国民政府航空委员会主任钱大钧题词"育才、裕国",学校教务长墨林翰发表校庆感言。

实际上,中国的军需学校可以追溯到光绪三十二年(1906年)保定陆军速成学堂的经理科,宣统二年(1910年)更名为军需学堂,军需始有专门学校,辛亥鼎革之际被迫停办,民国建立之后则复办。1927年,南京国民政府成立之后,国民政府军事委员会命令该校继续办理,并迁至南京胪政牌楼陆海军经理法规委员会旧址,改隶军政部。1936年4月,校长张公叙请辞,蒋介石兼任该校校长,教务主任墨林翰升任教务长,秉承蒋介石意旨办理学校。全面抗日战争爆发后,军需学校奉令于1937年8月迁移到江西吉安办学,旋以国民政府迁都重庆,乃复迁校至重庆江北,假借江北县立中学旧址办学。[1]

1939年5月3日、4日,侵华日军轰炸重庆,军需学校亦遭到波及,为了避免再度被轰炸,于该年7月迁至巴县蔡家乡(今北碚蔡家镇),招收学生班14期190名。1940年,招收学生班15期155人,学生班16期121名。14期于1941年10月毕业,15期于1942年1月毕业,16期于1942年7月毕业。17期于1942年4月入伍,教育期满后到军需学校,1943年9月毕业。18期学生班于1943年3月入伍期满后进入学校。[2]

---

[1] 军需学校:《军需学校校史》,《陆军经理杂志》1944年第7卷第4期。
[2] 军需学校:《军需学校校史》,《陆军经理杂志》1944年第7卷第4期。

战时,军需学校办学基本较为平稳。在南京时,学生修业年限为3年,重庆时则为了适合战争需要而缩短为两年,将比较次要的科目减少,并取消寒暑假。新生录取后,先赴军校入伍,接受严格的军事训练,结束后返回学校正式上课,具体课程大分为经理、计政、法律、政治、军事、其他及卫类等7大类课程。[1]

1942年6月,根据战时需要,国民政府推行军需独立制度,一改往日社会人士不重视军需之观感。[2]抗战开始后,军需学校又在磁器口设立初级班,西安、桂林两地分别成立第一、第二两个分校,专门负责集训当地管辖区现职军需。[3]"经理是军队的命脉,军需人员的地位是非常重要的",1944年1月,军需会议结束后,蒋介石在中央训练团队训话全体会员,强调"军需工作,关系我们军队的体格、精神与纪律,以及作战力量,都非常重大"[4]。战时,军需学校积极扩大班次,扩充学员,以应时局需要,逐渐发展起来,培养了如俞飞鹏、张开琎、王芃生等一批军需人才。

---

[1] 翟子清:《学校生活素质特辑:抗战中的军需学校》,《学生之友》1942年第4卷第5—6期。
[2] 墨林翰:《军需学校三十三周年校庆感言》,《陆军经理杂志》1944年第7卷第4期。
[3] 了然:《与中华民国同生并寿的军需学校》,《学生之友》1943年第7卷4期。
[4] 何应钦:《军需学校第十二期学员毕业训词》,《陆军经理杂志》1944年第7卷第3期。

十一、澄江镇的中央测量学校

民国时期,地图测绘人才的培养主要由中央陆军测量学校及各省陆地测量学校进行。民国成立后,将清末筹备的京师陆地测绘学堂改组为"中央陆军测量学校",1913年设寻常科和高等科,开办三角测量、地形测量(图)和地图制图3个班。1915年,又筹设高等科,借以培养高级测绘技术人才,是年全校学生共计400多人,后因政局动荡而于1927年停办。1931年春,国民政府对其进行恢复重建,任命黄慕松为校长,并将其更名为"中央陆地测量学校",改隶属参谋本部,设特科和寻常科,开办三角测量、地形测量(图)、航空测量和地图制图班。同年,亦厘定了《中央陆军测量学校章程》,明确其宗旨为"养成测量人才,研究测量学术之所"。[1] 1933年,又增设简易科。1935年,学校再举办了三角测量和航空测量研究班,学制改为本科、专科、简易科3种,设三角测量、地形测量(图)、航空测量和地图制图4个专业。

全面抗日战争爆发后,中央陆地测量学校先在长沙,又迁桂林;1939年,学校随参谋本部陆地测量总局再迁贵州镇宁,此时,广东省陆地测量学校并入该校;1940年,根据国民政府军事委员会的相关规定,蒋介石兼任学校校长,刘器钧校长改任教育长,学校仍维持之前的学制,即本科、专科及简易科;1941年,学校将简易科改成战时训练班,同时,在陕西开办中央陆地测量学校第一分校;1943年,复又迁至贵

---

[1] 《中央陆军测量学校章程》,《秦中公报》1913年第280期。

阳,浙江兰溪人黄谟任教育长,学校加大基础设施建设,并增聘教授、改革学制、增设实验室;1944年,受豫湘桂战役影响,迁入北碚澄江镇,学校分大学部和训练班部,大学部以培养高级测量人才为主;1945年,学校更名为中央测量学校,改隶军令部,学制改为研究班、正班(大学部本科四年)、训练班等3类,共设大地测量、地形测量(图)、航空测量、地图制图、测绘仪器制造等5个系;抗战胜利后,1946年6月,学校奉令迁到重庆沙坪坝松林坡原中央大学旧址。

后记

《抗战北碚》是北碚区、西南大学校地合作编写的10卷本《北碚文化丛书》中的一册,自2018年立项以来,已历5载。

5年来,中共北碚区委宣传部多次举办编写推进会、联络出版社、协助收集资料等,做了一系列卓有成效的工作,为《抗战北碚》一书编写工作的顺利开展提供了坚实的保障。

5年来,在西南大学潘洵教授的带领下,由西南大学相关学院及中国抗战大后方研究中心的有关专家学者、青年才俊及博士研究生们组成的编写团队(西南大学文学院的张武军、翟二猛博士,马克思主义学院的谢健副教授、高佳副教授,乡村建设学院的李军讲师,历史文化学院的陈志刚副教授;南京大学历史学院的林坤博士;华中师范大学历史文化学院高少博博士;南开大学历史学院的闫李熠博士……),多次讨论编写提纲,数度修改完善书稿,用集体智慧倾情打造出这一本能较为全面反映北碚抗战历史的通俗读本。在一定程度上，《抗战北碚》可以被认为是《北碚抗战史》（周继超、潘洵主编，重庆出版社，2021年）的简版。虽然脱胎于《北碚抗战史》，但《抗战北碚》的编写体例、人事采选等方面均有一定创新，在语言、文字方面，尽力做到通俗易懂，在引文注释方面，亦做了一定的简化处理，全面客观地反映了抗战时期北碚在政治、经济、文化、科技、教育、社会等方面建设的发展历程及历史贡献。

在《抗战北碚》的编写过程中，我们也得到了重庆市、北碚区相关单位的精心指导和大力帮助，同时，也得到了相关专家学者的关心和指导，他们提供的许多建议和意见，对我们修改完善书稿有很大的帮助，在此一并致以诚挚的谢意。

由于我们的学识有限，《抗战北碚》难免会有一些错漏之处，敬请广大读者批评指正。

编者
2022年10月